気になる街の
気になる場所さがし。
はじまりはじまり。

North Beach

Hilo, Hawaii

New York

PARAMOUNT PLAZA

BACK ROOM
REFERENCE
PSYCHOLOGY
RELIGION
NATURE-GARDENS
CHILDRENS'
ANTHROPOLOGY
MORE

Paris

Berkeley

JACK
KEROUAC
ON THE
ROAD

Naka Meguro

Vancouver

Los Angeles

Taipei

Taitung & Taipei

London

ちくま文庫

居ごこちのよい旅

松浦弥太郎
写真　若木信吾

筑摩書房

居ごこちのよい旅　目次

デザイン・白石良一、小野明子（白石デザイン・オフィス）

North Beach

ノースビーチ　サンフランシスコ　カリフォルニア　USA

テレグラフヒル。サンフランシスコ北部。狭い街路、窓のない高い壁、急勾配の階段、白色木材の家、霧を含んだ風にはためく洗濯物。サンフランシスコ湾に面した海岸にノースビーチという村がある。古くは「丸くてごつごつした古い丘、ぬかるんだ古い丘、テリーグラフトヒル」と移住してきたアイルランド労働者はこの土地を歌い、五〇年代、ひとりの友人に会うために千マイルもヒッチハイクしてきた詩人ゲイリー・スナイダーは「この豊かな土壌は多くの美とアメリカの新しい何かを生み出した」と歌った。ノースビーチはイタリア人、シシリア人、ポルトガルの漁師、中国人が築き、誰をも受け入れたコスモポリタンな村。そしてオーロンと呼ばれる原住民の子孫が今でも暮らすネイティブな村だ。

カリフォルニアを旅する者はすべてノースビーチに立ち寄っただろう。ワインや食料を買い、ジャズを聞き、シティライツで本を読み、カフェ・トリエステでエスプレッソを嗜むために。あるいはそこで暮らすために。昔、モンゴメリーブロックには芸術家や革命家が住み、テレグラフヒルには「ビート」と呼ばれるボヘミアンが生息した。彼らはノースビーチのなだらかに起伏する土地に生きた野良猫であり、多くの新しい流れを生み出した文化そのものだった。

そんな野良猫の足跡を追うようにノースビーチの地図を作る。それはヴィレッジ

8

ライフという新しい精神を知ることだった。

朝、ワシントンスクエアの芝生に寝そべっていると、一匹の犬が突然顔の上を飛び越えていった。見ると犬はこっちを振り向き、誘うように笑っていた。飼い主らしき女性がポートワインを片手に、大きな声でその犬の名を呼んでいる。犬は何度かこっちを向いたり飼い主を向いたりし、鼻をクンクンと上げ、飛び跳ねたかと思うと飼い主の方へと走っていった。

眩しすぎる陽射しに降参し、日陰に向かうとベンチに古本を並べる若者がいた。売っているのかと聞くと、そうだと答えた。けっこう売れるかと聞くと、けっこう売れると答えた。ジャック・ロンドン、ウィリアム・ブレイク、ワーズワース、ホイットマンらのペーパーバックが目に入った。そのはじっこに真新しい冊子があったので手にとった。これはなんだと聞くと、自分の詩集だと若者は答えた。売れるかと聞くと、誰も買わないと答えた。

ベンチに腰を下ろすと、ヘルメットをかぶり自転車に乗った老人が芝生の間をゆるゆると走り抜けていくのが見えた。本を売る若者が「あの老人は詩人だ」と言い、

「The dove-white gulls / on the wet lawn in Washington Square / in the early morning fog / each a little ghost in the gloaming...」と詩を詠んだ。

帰ろうとすると、さっきの犬が飼い主をひっぱりながらこっちへと走ってきた。犬は笑っていた。飼い主はノーブラだとわかった。

グリーン・ストリートとコロンバス・アヴェニューの交差点に立つと、ジェファーソン・エアプレインのポール・カントナーが「この角は西洋世界でももっとも重要な街角だ」と言ったことを思い出した。Back to lands と胸に書かれたTシャツを着た若者が交差点の向こうから歩いてきた。片手にブラウニーを持ち、むしゃむしゃと頬張っている。チャイナタウンからは目を見張るほどの美人の中国人女性が駆けてきてバスに乗ろうとしている。ウッドベースを背負った黒人はリズミカルな大股で道を渡っていった。

カフェ・マルヴィナの店先でウエイトレスらしきショートカットの女性が椅子に座って煙草を吸っていた。自分が店に入ると、ウエイトレスは道に煙草を投げた。注文をとりにきたのでピザとコーヒーを頼むと軽く微笑んだ。ラジオから流れる

K−JAZZが耳をくすぐるなか、ワシントンスクエアで買ったワーズワースを読んでいると、コーヒーカップとピザを載せた皿がテーブルに静かに置かれた。ワーズワースを見たウエイトレスは「あんた何歳？」と笑った。黙っていると「渓声便是広長舌」と彫られた自分の腕を見せ、「中国の詩よ」と片目をつぶった。そして肩をすくめてみせた。

ノースビーチには歴史や伝統が浸透している。だから街に新しさが生きている。さわやかな風に吹かれ、今日もノースビーチをさまよう。外に出ると、低く白い街並みがどこまでも続いていた。

早朝のカフェ・トリエステのエスプレッソはクリーミィでおいしい。そう教えてくれたのは笑う犬を連れた女性だった。

午前七時というのにカフェ・トリエステは、出勤前のサラリーマンや近所の住人、メッセンジャーなどでにぎわい、カウンターの中はエスプレッソマシーンから出る白い湯気でもうもうとしている。人をかき分け並んで待つ客の最後についた。店の奥ではトレセッテというカードゲームに興じるイタリア系の老人たちがテーブルを囲み、その横では学生らしき若者がラップトップをスクロールし、中国語の新聞を広げて読み耽る老人が大きなあくびをしている。

今も昔もノースビーチの社交場と言えば、カフェ・トリエステ、ヴェスヴィオ、もしくはボヘミアン・シガーストアといったイタリアの陽気で楽天的な匂いに溢れたカフェばかりだ。コッポラはこの喧噪の中で『ゴッドファーザー』を書き上げたというから驚く。いい町には必ずいいカフェがある。いいカフェだから人と話題が集まり、さまざまなドラマが生まれては消えていく。サンフランシスコのコラムニストがこぞってノースビーチのカフェに通う理由はそこにある。

自分の番だ。ダブルエスプレッソをふたつ、アーモンド・ペストリーをひとつオーダーし、六ドルをカウンターに置く。店の子はていねいに淹れたエスプレッソをブラウンバッグに入れ、「気をつけて持って」と言った。店を出るとモンゴメリー・ストリートの角からさんさんと朝陽が射し込んできた。

「あそこは昔、花屋だった」。コロンバス・アヴェニューとブロードウェイが交差する三角地帯を指さして、山高帽を被った眼鏡男はこう言った。新聞やペーパーバックがドラッグストアもしくはニューススタンドでしか買えなかった時代のことだ。ある日、花屋が抜けたスペースに小さな本屋が開店した。パリのシェイクスピア&カンパニイ書店にならって軒先に古本の棚を置いた、全米で初めてのペーパーバックを専門とするシティライツ・ブックストアだ。シティライツ・ブックストアはパリのキオスクのように深夜三時まで営業した。それは、この小さな本屋がノースビーチという街の灯でありたいと願ったからだ。今や「ビート」の聖地として名高いシティライツ・ブックストア。放浪、ドラッグ、東洋思想に近づいた若者を受け入れ、オーラル・メッセージのために書かれた多くの文学がここで生まれ育てられた。「あそこで一番クールな棚は一階の左奥。階段の下にあるインディペンデント・プレスのコーナーよ。たとえば、「Evil Twin Publications」や「Ker-bloom!」の新刊はあそこでしか買えないし、個人が作っているもっと少部数の冊子は見つけた者勝ちよ」。中国詩に詳しいショートカットのウエイトレスはこう言った。通りを挟んだ道沿いにエンリコというバーがある。山高帽を被った眼鏡男は、この店の前で「San Francisco Weather Report」というビラをひとりで配っていた。ビラには男が書いた詩があった。

アメリカの鱒釣りのアパート。コイトタワーから曲がりくねった道を下ったカーニー・ストリートに男の暮らしはあった。このあたりの景色は、地中海を望むマルセイユの丘を思い出させるものがある、男はたいそう気に入っていた。

男はのんびりとカーニー・ストリートからグラント・アヴェニューへと曲がり、ランドロマットの前をいつものように口笛を吹いて通り過ぎた。ここからはまっすぐにブロードウェイのストリップ劇場までが見渡せた。グラント・アヴェニューはにぎやかだ。古着屋やレコード屋、アンティーク屋が並び、男が好んだコーヒーギャラリーというバーもある。水曜日になると男はここで詩を読んだ。そこで男は気に入った女がいれば、「YOU！」と声をかけひと晩をともにした。腹が減ればグリーン・ストリートのピザ屋かオールドスパゲッティファクトリーへと顔を出した。男にとってこの辺りはまったくの自由だった。昨晩はサルーンでひどく酔いつぶれてバンドに迷惑をかけた。グラント・アヴェニューは急な坂になりブロードウェイに当たった。その角にあるマタドールに男は立ち寄った。ピアノが描かれたブックマッチをもらうためだ。そのまま道を渡り、今日は親子丼を食べるためにチヨチヨ・レストランへ行くとする。ここはハウス・オブ・ナンキンと同じくらいに

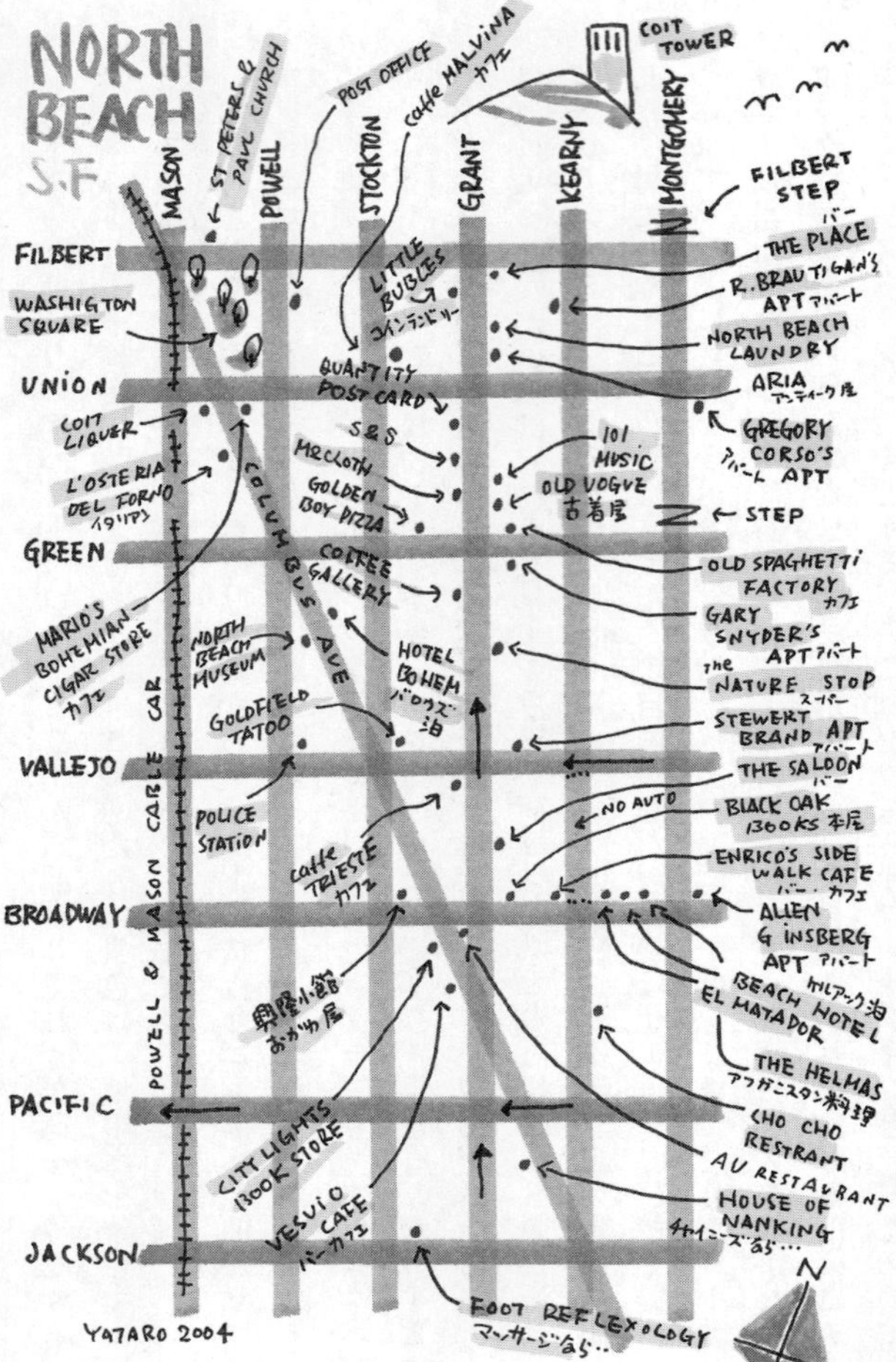
NORTH BEACH
S.F
MASON
ST PETERS & PAUL CHURCH
POWELL
POST OFFICE
STOCKTON
caffe MALVINA カフェ
GRANT
KEARNY
COIT TOWER
MONTGOMERY
FILBERT STEP
FILBERT
THE PLACE バー
R. BRAUTIGAN'S APT アパート
WASHIGTON SQUARE
LITTLE BUBLES コインランドリー
NORTH BEACH LAUNDRY
QUANTITY POST CARD
UNION
ARIA アンティーク屋
GREGORY CORSO'S アパート APT
COIT LIQUER
S&S
MCCLOTH
101 MUSIC
L'OSTERIA DEL FORNO イタリアン
GOLDEN BOY PIZZA
OLD VOGUE 古着屋
STEP
GREEN
COFFEE GALLERY
OLD SPAGHETTI FACTORY カフェ
GARY SNYDER'S APT アパート
MARIO'S BOHEMIAN CIGAR STORE カフェ
NORTH BEACH MUSEUM
HOTEL BOHEM バロウズ泊
the NATURE STOP スーパー
COLUMBUS AVE
GOLDFIELD TATOO
STEWERT BRAND APT アパート
VALLEJO
THE SALOON バー
NO AUTO
BLACK OAK BOOKS 本屋
POLICE STATION
caffe TRIESTE カフェ
ENRICO'S SIDE WALK CAFE バー・カフェ
BROADWAY
ALLEN G INSBERG APT アパート
BEACH HOTEL ケルアック泊
EL MATADOR
POWELL & MASON CABLE CAR
興隆小館 おかゆ屋
THE HELMAS アフガニスタン料理
PACIFIC
CHO CHO RESTRANT
CITY LIGHTS BOOK STORE
AU RESTAURANT
HOUSE OF NANKING チャイニーズなら…
VESUIO CAFE バーカフェ
JACKSON
N
FOOT REFLEXOLOGY マッサージなら…
YATARO 2004

美味い店だ。ここまで来ればあの騒がしいカンツォーネも聞こえないから安心だった。

しばらくして満腹になった男は、帰り道を考えた。フィルバート・ステップを登って帰れば、腹ごなしになるなと思った。

ロサンゼルスから車でやってきたパンクバンドの女は、ほとほとシスコでは参っていた。行きたい所は目の前なのに、一方通行のせいで大廻りをしなければならない。そしてこの坂道だ。信号のある坂道で発進するたび、車が一度下がる恐怖にじんましんさえ出た。女は何度も悪態をつき、やっとのことで着いたテンダーロインの安ホテルの前に車を捨てるように置いた。ホテルのカウンターにいるメキシコ男にキーを投げると「お好きなように」と捨てぜりふを吐いた。

リヴェンウォース通りにたむろする黒人ホームレスがよろよろと煙草を吸う真似をし、女にねだってきた。女はアメリカン・スピリットを一本ポケットから出し、ホームレスに渡し、急な坂道をブーツで蹴飛ばすように登っていった。女は今日、ノースビーチのネイチャー・ストップで働く恋人と半年ぶりに会うことになっていた。「アメリカの街の中で、歩いて集まることができるのはノースビーチかグリニッジヴィレッジくらいしかない」、恋人がこう言っていたのを思い出し、「ばかやろう」と女は呟いた。後ろからちょうどよくバスが来たので女は何も考えず飛び乗った。一ドルを払い、「歩けるもんか」とシートに座った。横に座った猫顔をした老婆が女を見てこう言った。「横の移動はバスが便利よ。縦はケーブルカー。バスは朝五時から深夜一時まで走ってるわ」。女は深々と頭を下げ、お礼を真似た。バスはビクトリアン住宅の間をゴォッと音を立て、坂を登っていった。シスコは今日も晴れていた。

Hilo, Hawaii

ハワイ島ヒロ　ハワイ　USA

目的地に着いたらイエローページを手にいれたい。

今や無用と言うなかれ、イエローページこそ最高のガイドブックだ。イエローページにはその地域全体の地図、エリア地図、ZIPコード、交通路線図など事細かに掲載されている。またホテルやカフェはもちろん、その土地を訪れないと知ることができない情報が業種別、品目別に知れる。ギター屋に行きたい。古本屋に行きたい。アンティーク屋に行きたい。ヨガセンターに行きたい。イエローページを開けば、その街にあるそのすべてがひと目でわかるはず。そしてイラストによる広告などをいちいち見て選ぶのはとても楽しい。イエローページはまさに旅の玉手箱と言ってもいいのだ。

ある日、生まれて初めてハワイに行くと言うと、友人は、ハワイ島をすすめてきた。ハワイ島のどこがいいかと聞くとヒロがいいと言った。初めて訪れる土地への旅はいつだって心が膨らむ。ヒロについては右も左もわからない。ということでヒロ国際空港に着いた途端に手にしたのが件《くだん》のイエローページだった。

ハワイ島のイエローページはアルファベット順の電話帳と一緒に綴じられていて、厚さ五センチ。驚いたのは一年間の潮汐表があることだ。そして全島のビーチ・マップと施設ガイドとイベントカレンダー、アクティビティガイドと、じっくり読めばかなりのハワイ通になれそうな内容だ。初めての土地ならば、そこの気候を知り、地形を知り、植物を知ること。そしてそこの歴史を理解することが第一。イエローページはそれにも応えてくれそうで実に頼もしい。さて今日の宿から探してみるか。開くと虹のイラストが目に入った。

ハワイ諸島の最も東に位置するハワイ島。さらに島の東部にヒロという街があった。空港からダウンタウンへ行くにはどっちに行けばいいかと、レンタカーの受付けをしてくれたどっぷりと太ったポリネシアン女性に聞くと、この道まっすぐと笑顔で指さし、ここでは迷子にならないわよときらきらした目でウインクをされた。言われた通り車を走らせると、道はすぐにアメリカ中西部特有のファミレス、ドライブスルー、ショッピングモールの景色を見せた。道を走る車がけっこう多い。そして急に人の気配がなくなったかと思うと、そこはもうヒロのダウンタウンだった。

まるで西部劇に出てくる、からっ風の巻くさびれた街。ライフルを手にした保安官でも出てくるんじゃないか。それがヒロのダウンタウンの第一印象だ。いわゆるトロピカルなハワイなどどこにもない。ハワイに行くならヒロがいいよと言った友人を少し恨んだ。とはいうものの、やさしくそよぐ風にあたると幾分気分が安らいだ。

車を停めようと標識を見ると、朝八時から夕方四時まで二時間の路上駐車はタダと書いてある。ドライブがてら街でゆっくり過ごすには好都合な条例だ。街の活性化のために行政が考え出したアイデアらしい。

ホノルルに次ぐハワイ第二の街だったヒロ。それは遠い昔のことだ。古き佳きオールドハワイが残った街と言えば聞こえはいいが、見れば見るほどただの田舎町だ。ダウンタウン唯一の目抜き通りケアウエ・ストリートを歩くことにした。ペンキのはげた木造板っ張りの建物。錆だらけのトラック。休業中の貼り紙。眩しい陽光に目を細めて歩いた途端、雨がざあざあと降りはじめ、暗い街をもっと暗くした。

ヒロの朝は早い。カフェや食堂は早朝五時にオープンする。その頃、朝めし自慢のベアーズ・コーヒーのキッチンでは、有機栽培されたレタスやハーブが、島の湧き水でざぶざぶと洗われ、次から次へとはらぺこでにぎわうテーブルへと運ばれていく。ポナハワイ・ストリートの角にあるロウ・インターナショナル・フードは、丸々ふっくらとしたレインボー・ブレッドが焼き上がったことを煙突からの煙で知らせている。ぺたんぺたんとゴム草履の音をさせてヒロの住人がカフェへと向かう、活気ある朝だ。

「ヒロの街はとにかくカフェだらけ。この街の人はとにかく外食好きなのよ。そしてコーヒーに目がない人ばかり。どの店もコーヒーは飲み放題だから、一日中カフェにいても文句を言う人はいないわ」。オキーフ・アンド・ソンズのカフェテーブルで会った清楚な白人女性はこう言った。

一時間も歩けば、すべてがわかってしまうこの小さな街で、唯一、人のにぎわいがあるのは街の所々にあるカフェだ。とはいうもののパリや東京のカフェとは異なる。日が落ちれば店は閉まり、日曜は休みだからだ。朝めし食いの井戸端会議。それがヒロのカフェ文化かもしれない。ロコモコ、サイミン、ラウラウ。ハワイならではのカフェ飯メニューはどこでも格安で食べられる。ロコモコ発祥はカフェ100という店だというのがヒロの自慢だ。

昔、エルシーズ・ファウンテンという日本人夫婦が営むカフェの話をある本で読んだ。そこの名物だというバナナスプリットがどうしても食べたくて探したが、見つからなかった。あきらめて、マモ・ストリートの角にあったフィフティーズ風のカフェに入ると、そこのカウンターにどうも見覚えがあった。聞くと、そこが昔エルシーズ・ファウンテンだったと言う。バナナスプリットはメニューになかったが、若い人に人気のカフェだった。

ジョージとバーバラはボストンからヒロへ移住してきた夫婦だ。ふたりはヒロのダウンタウンから歩いて十分足らずの山麓にある、古い家を買い取り、一年間をリノベートに費やし、旅を知る訪問者をもてなすB&B、ウォーターフォールズ・インをオープンさせた。そのアイデアは古いカントリーハウスをB&Bとしてリノベートする、ニューイングランド地方で広がったオールド・インという運動を参考にしたものだ。

ハワイ諸島で最も降雨量が多いヒロ。そこに生息する植物はとにかく巨大でみずみずしい。朝晩たっぷり雨が降り、日中晴れるという、これ以上ない好条件が揃っているからだ。ヤシの木にいたっては、何種類あるか識別が困難なほどに群生し、森となっている。そんな森が鳥類にとってのパラダイスとなり、一歩足を踏み入れればその陽気な鳴き声は止むことなく耳に届く。ハワイの植物の種子は「風」と「鳥」と「海流」に乗ってやってきたと伝えられている。そして漂着後、その環境に適応しさまざまな進化を遂げていった。その進化の特徴に、毒や臭いといった植物が備える防御本能の退化がある。それはハワイには草木を餌とする大きな動物がいなかったためだ。

ウォーターフォールズ・インはレインボー・フォールという大きな滝の下流沿いにあり、一日中その川の流れる音と、森に住む鳥の合唱に包まれている。ハワイではすべての自然にマナと呼ばれる魂が宿っているというが、そんな大自然の中に建つウォーターフォールズ・インはまさに太陽、水、風のマナに溢れた家だった。

わたしたちが来るまで、この家は幽霊屋敷と呼ばれていたのよ。ハワイ大学で会計学を教えるバーバラは笑いながらそう言った。ハワイ諸島で地震と温泉があるのはここハワイ島だけだよ、と言ったジョージは、エプロンを腰にしめ、明日の朝食の準備に余念がなかった。部屋の窓から谷底をのぞくと小さな虹がかかっていた。ヒロではホテルでなくB&Bに泊まるのが一番だ。

何かを予感させるようなしっとりとした晴れの日。ヒロ本願寺を横目にあてどなく歩いていると、ダウンタウンの西はずれに位置するマモ・ストリートに出た。この界隈は昔、床屋が多いことからバーバー・ストリートと呼ばれていたらしい。一匹の子犬が小径を駈けていくのを目で追うと、上半身裸の男がその後ろを軽やかに歩いていた。ふと目を合わせると男はにこやかに声をかけてきた。どこから来たんだい？　俺の名はデヴィッド。ヒロはいい街だぜ。そうだ、俺の車を見せたいな。すぐそこを曲がったところだよ。デヴィッドは子犬を抱いて、自分の車が停めてある横丁を案内した。すげーだろ、六五年式のダッジだ。ＮＡＳ－ＣＡＲ仕様だ。ホイールとタイヤを見ろよ。ヴィンテージのグッドイヤーだ。今エンジンの音を聞かせてやるからな。そうそう、俺のワイフ、シンディのＣＤをあげるよ。彼女はスラックキーギターの名手でさ。

デヴィッドは、波打ち際でギターを抱えた女性の写真がカバーになったＣＤを車のダッシュボードから取り出した。彼の妻のシンディは韓国系アメリカ人だった。この写真は俺が撮ったんだ。この時あやうくシンディが波にさらわれそうになってな。少年のようにデヴィッドは笑った。

別れて少し経った頃、デヴィッドが走ってもう一度やってきた。何事かと思うと、虹だ、虹が出てる、と北の空を指さし、この雨季に海側に虹がかかるのはすごくめずらしいんだ、と言った。それを伝えたいがためだけに、彼は街を走り回って自分を探していたのだ。このデヴィッドとの出会いによって、自分はヒロという街のセンス・オブ・プレイスにはじめて触れた気がした。シンディのギターはヒロの虹を歌ったインストゥルメンタルだった。滞在中、毎日それを聴いていた。

TSUNAMIのことを書かなければならない。

三日月のかたちに栄えたヒロがクレッセント・タウンと呼ばれていた一九四六年。ある日突然やってきた大きなツナミが街の半分をさらっていった。このツナミによってダウンタウンは壊滅した。しかしその後、街は再建を果たす。しかし天災は一度ではなかった。一九六〇年、さらに大きなツナミがヒロの街を呑み込んだ。この二度にわたるツナミによってヒロは時代から取り残される運命を背負った。

通るたびに気になっていたケアウエ・ストリート角にあるロージス・ダイナーが店を開けていた。中に入るとカウンターでコーヒーをするリーゼントの老人が立ちあがった。客かと思うと彼は給仕だった。木造の店内はローカル風と言えばそうだが、おばあちゃんの台所と言った方が正しかった。コーヒーとトーストを頼むと女主人は無言でうなずき、調理場に入っていった。窓に面したソファーに座った自分は、バラの刺繍がはいったカーテンの隙間からマモ・ストリートの街角をぼんやりと眺めた。相変わらずそこはもの悲しかった。この店は音楽も鳴らず、客も誰も無言でしんとしているが、静かでやさしい時間がゆっくりと流れていた。自分はヒロを訪れ、やっと居心地の良い場所を見つけたと思った。奥を見ると女主人は湯気がもうもうと立つシチュー鍋をゆっくりとかき回していた。ここがあれば他になにもいらないじゃないか。そんな風にさえ思った。

ヒロの魅力がノスタルジックだとは言いたくない。もともと人々がこれほどまでに素敵な土地はないと褒めたたえた土地だ。そのスピリットは今でも街のいたるところに息づいている。聞くと今になって世界中からヒロへと移住してくる人が多いらしい。

やさしくあたたかい風がそよぎ、陽とともにある人々のローカルな暮らし。一歩足を踏み入れればノンヒューマンな自然の宝庫。それが旅人を誘うヒロの隠れた魅力と知ったのはそこを発ってからだった。ロージス・ダイナーの壁に貼ってあった虹のポスターばかりが思い出される。

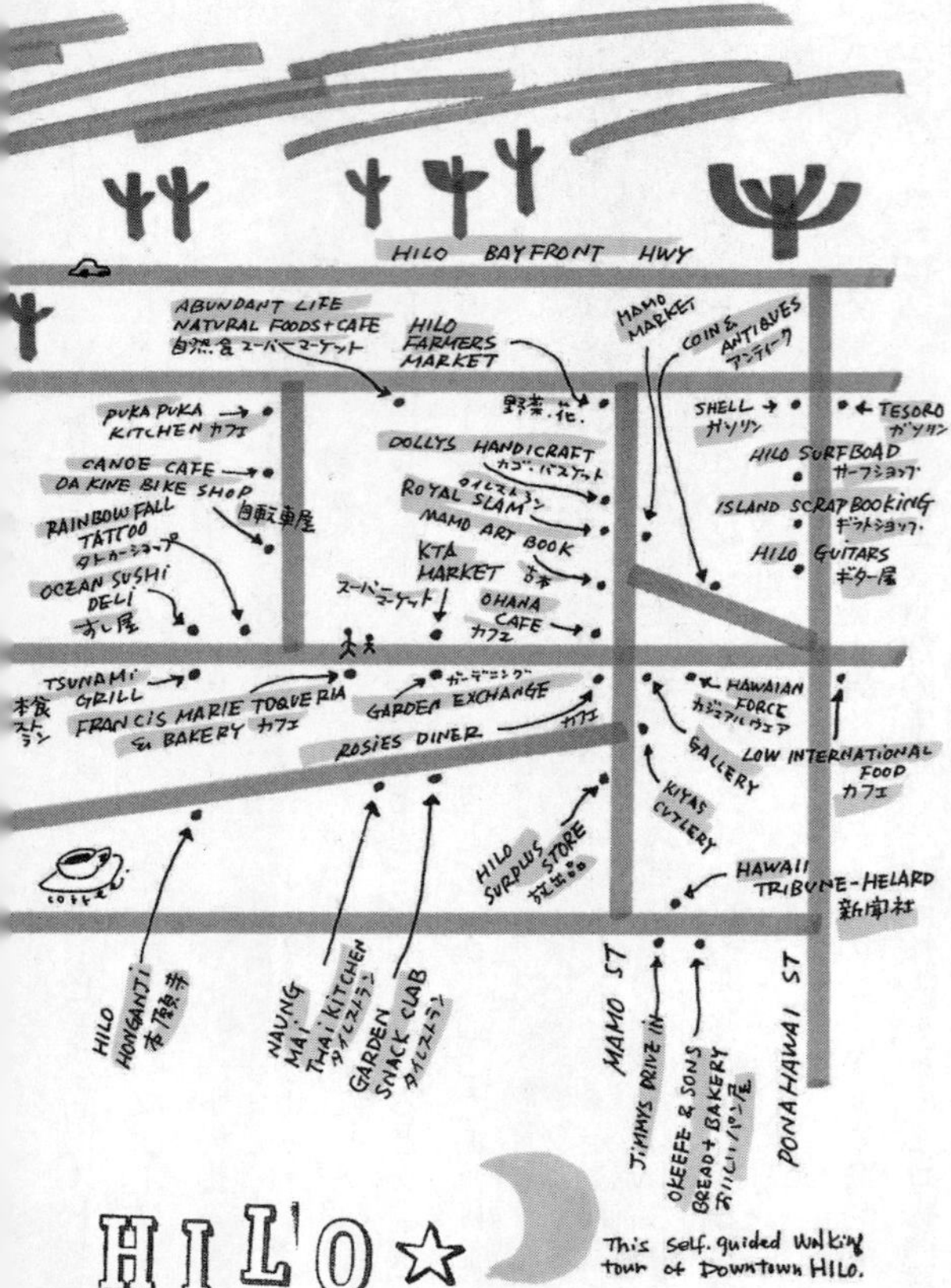

HILO☆

DOWN TOWN MAP

This self. guided walking tour of Downtown HILO. will take about one hour if walked continuously…

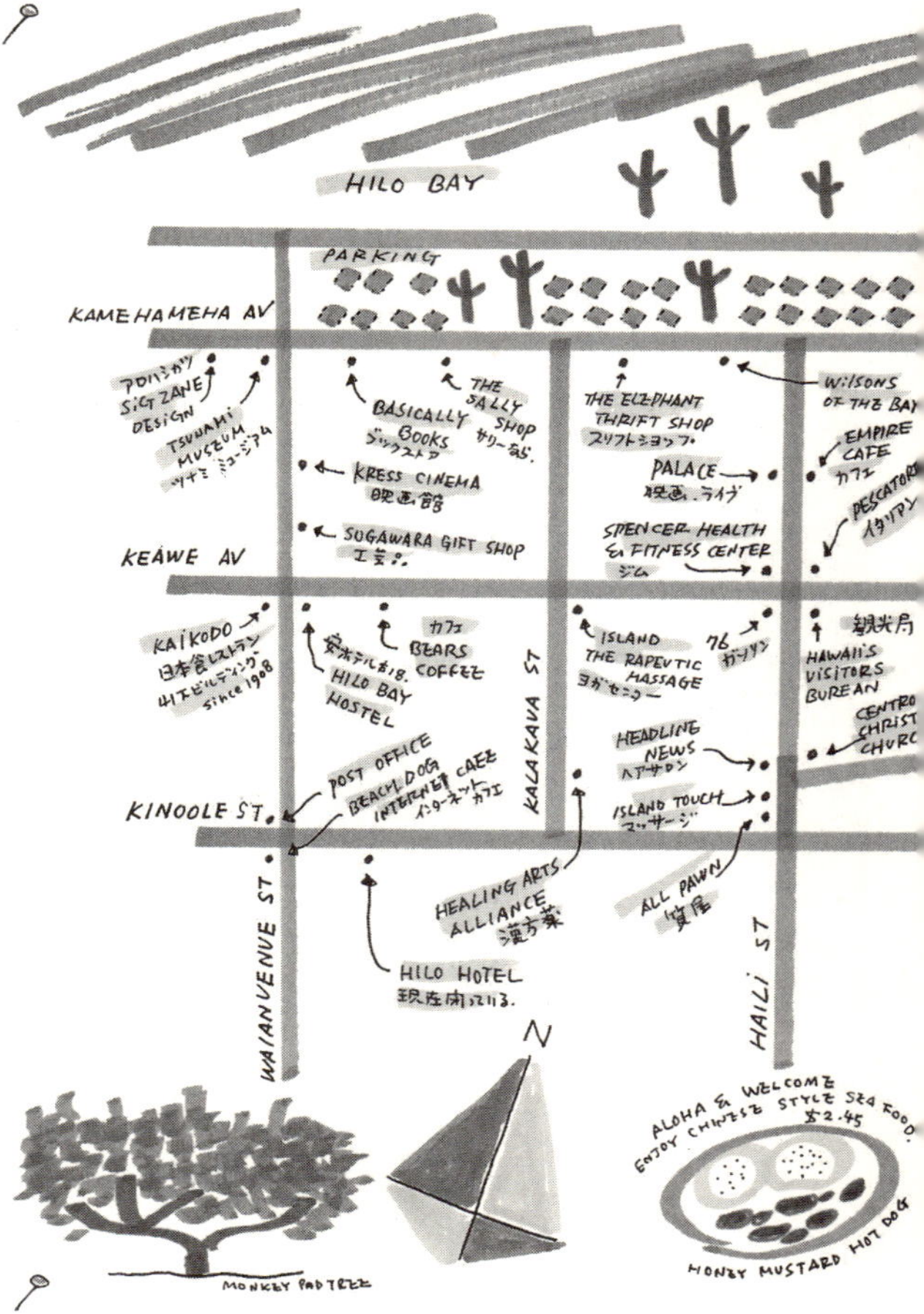
HILO BAY
PARKING
KAMEHAMEHA AV
アロハシャツ
SIG ZANE DESIGN
TSUNAMI MUSEUM
ツナミ ミュージアム
BASICALLY BOOKS
ブックストア
THE SALLY SHOP
KRESS CINEMA
映画館
SUGAWARA GIFT SHOP
工芸品
THE ELEPHANT THRIFT SHOP
スリフトショップ
WILSONS OF THE BAY
EMPIRE CAFE
カフェ
PALACE
映画.ライブ
PESCATORE
イタリアン
SPENCER HEALTH & FITNESS CENTER
ジム
KEAWE AV
KAIKODO
日本食レストラン
since 1908
カフェ
BEARS COFFEE
HILO BAY HOSTEL
ISLAND THERAPEUTIC MASSAGE
76
ガソリン
観光局
HAWAII'S VISITORS BUREAN
HEADLINE NEWS
ヘアサロン
POST OFFICE
BEACH DOG INTERNET CAFE
インターネット カフェ
KINOOLE ST.
KALAKAVA ST
ISLAND TOUCH
マッサージ
HEALING ARTS ALLIANCE
漢方薬
ALL PAWN
質屋
HILO HOTEL
WAIANUENUE ST
HAILI ST
N
MONKEY POD TREE
ALOHA & WELCOME
ENJOY CHINESE STYLE SEA FOOD.
$2.45
HONEY MUSTARD HOT DOG

New York
マンハッタン　ニューヨーク　USA

「丘のある島」とインディアンに呼ばれたニューヨークで、彼は二十歳の誕生日をひとりで迎えた。ブロードウェイ七三丁目にある六階建てのアパートは、ジャズクラブ「バードランド」で働くピアニストから、月四〇〇ドルで又借りした小さなステューディオだった。部屋の大半を占めるグランドピアノの下にFUTONを敷いて寝るのも苦ではなく、むしろそれがニューヨークらしいと自惚れて微笑んだ。収入に窮したピアニストが、ハーレムに暮らす恋人の部屋へ居候となったその夏のはじめ、彼はアッパーウエストサイドの住人になった。

ニューヨークのエキサイティングな仕事と生活、そしてロマンティックな出会いを思うと、毎日、新しい朝が待ち遠しかった。ステューディオの又貸しは、ピアニストがレッスンで使うことが条件だったので、陽が昇ると町をさまようのが習慣となった。歩きたいところだらけのマンハッタン。そこは世田谷と同じくらいの広さ。道という道を全部歩いてみようと思った。

彼はアッパーウエストサイドから歩きはじめた。かつてはスペイン系移民の町だったその一帯も、今や学者風のヤッピーが好むエリアになっている。書店のバーンズ&ノーブル、セレブが集まるオニールズやコロンバスといったバーやレストランは、いつ前を通りかかってもにぎわっていた。しかし彼が探したのは、かつてのブリッジ・アンド・トンネルと呼ばれた時代、橋やトンネルを使ってやってくる人々で溢れた古き佳きアッパーウエストサイドの面影だった。歩き続ける彼のポケットには、いつでもH&Hのベーグルがひとつあった。

一八八四年のダコタ・アパートの建設をきっかけに、アッパーウエストサイドの発展ははじまった。それまでは石ころが転がる空き地ばかりのへんぴな場所でしかなかった。一九〇四年、地下鉄の開通によってアッパーウエストサイドの人気は、芸術家たちの間で不動のものとなる。

彼はダコタ・アパートの黒ずんだ石垣に触ってそんな時代を思うのが好きだった。彼のアパートの前にも、ニューヨークでもっとも美しいと言われる高級アパート、アンソニア・ホテルがある。そこにはかつてベーブ・ルースやストラヴィンスキーが暮らしていた。そのデコラティブな窓枠を横目に、毎日ブロードウエイ七九丁目のデリカテッセン、ゼイバースに朝食をとりに行く。そこでは淹れたてのコーヒーとドーナツが二ドルで足りた。大きなテーブルに客同士が向かい合って座るのも好きだった。

「ここができた時のことを覚えてるわ……」。そうつぶやく老婆の話に耳を傾ける。「七十五年前よ。なんにもなかったこのあたりにポツンと灯がついたようにゼイバースができたの……」。「エクスキューズミー！」。強いアクセントの言葉とともにテーブルに置いてあった「ニューヨーク・タイムズ」を黒人のメッセンジャーが摑んでいった。もぐもぐと話す老婆のそのあとの言葉は、朝のざわめきにかき消されてもう聞き取れなかった。

彼にとって毎朝ゼイバースで交わされる天気や時事をめぐる会話を聞くことは、一時的だとしても、この町へのコミュニティ意識を高めるエッセンスになった。外に出ると眩しい陽射しがきらめき、ニューヨークのいい匂いがした。

ニューヨークの古書店巡りはお手の物。三十代半ばになった彼は今、東京に暮らしている。ニューヨークの暮らしは遠くなったが、今も古書の仕入れで年に数回ニューヨークを訪れる。そんな彼がニューヨークで一番と太鼓判を押すのが、ウエスト・ヴィレッジにあるボニー・スロトニックという四年前に出来た新しい古書店だ。

クッキングブックを専門にした小さな店は、まるで店の主であるボニーさんの家を訪れたように愛らしい空間だ。イラストが鮮やかな古いクッキングブックが所狭しと並べられ、一見、古書店というよりアンティーク屋といった雰囲気が楽しめるのも人気の理由だ。数メートル離れたところには新刊本屋のスリーリヴス・ブックショップがある。ボニーさんはもともとそこで働いていたというから本屋のキャリアは充分だ。ヴィレッジの良心と呼ばれていたスリーリヴス・ブックショップで働いていた経験は誇り高い。

ボニーさんのデスクの前にはいくつもの木製シューズボックスが置かれていた。中には五〇年代の食品メーカーのカタログやパンフレット、レシピカードなどが詰まっている。「売りものだけど、これらは私にとって宝物です」。ペンを耳にはさんだボニーさんはそう言った。一冊いっさつ自分ひとりで探し集めたという蔵書は、すべて読んでいるとのこと。「若い頃、教会ボランティアでブラウニーを焼いていた時、ブラウニー・ボニーとあだ名がついたくらいに私は料理が好きなのよ」。

そんなボニーさんに会うために店に通う客は少なくない。彼もそのひとりだ。

アッパーウエストサイドで見つけた、一番のお気に入りは、七二丁目から一二九丁目までつづく、ハドソン川沿いのリヴァーサイド・パークだ。川をはさんだ向こう岸にはニュージャージーの景色が大きく広がっている。リヴァーサイド・パークは一万三千本もの木々が茂った自然溢れる公園だ。川沿いの遊歩道にはベンチが置かれ、ジョギングを楽しむ人々や犬の散歩をする人々でいつもにぎわっている。

朝食のあとに遊歩道を歩いていると、水辺に小さなピア（船着き場）があることに気がついた。見るとそこには幾艘ものクルーザーが停泊している。驚いたのはそのクルーザーからスーツを着こなした男性が出てきたことだ。「ここはあなたの家なのですか？」。彼がそう聞くと、「うん、そうだよ。この船がぼくの家さ」と男性は答え、足早に仕事へと出掛けていった。船が家？　そう思ってよく見ると、ピアのゲートにはポストがある。クルーザーもよく見ると、たしかに船ではあるが、植木が置かれていたりと家のようでもある。中には大きな邸宅がそのまま船になって浮かんでいるものもあった。ハドソン川に浮かべた船が自分の家だなんて、彼はとてもうらやましくなった。波のある日は大変だろうな。そう思っていると、桟橋をしっぽを振って駈ける犬がいた。今度は女性が船から出てきた。スーツを着ているからやっぱり仕事に出掛けるのであろう。彼はニューヨークの暮らしもいろいろあるのだなと感心した。女性のあとを追った犬は、こちらを振り返ったまま、いつまでも吠え続けた。

今日は掘り出し物を見つけようと張り切った。ニューヨークをともに訪れている友人からクラシックレコード収集の話を聞いた。ジャンルは主に六〇年代のロシア・ピアニズムだという。幾人かの知人たちとその愉しみを深めているという。マンハッタンの古書店には中古レコードを置いている店も少なくない。友人にそう言うと、「じゃあ、古本とレコードを一緒に探し歩こう」と意気盛んになった。

ブロードウェイ八〇丁目にあるウエストサイダー・ブックスは昔ながらの古書店だ。店は小さいが二階までの吹き抜けの壁がすべて本棚になっている。ここで表紙のイラストが気に入った『Looking in Junk Shops』(一九六一年)を一〇ドルで買った。外に置かれた一ドル均一棚に目をやるとハーブ・ルバリンがデザインを手がけた伝説の雑誌「ＥＲＯＳ」が無造作に置かれていた。通常五〇ドルするものが一ドルとは驚きだ。ひさびさの古書店巡りが楽しくなった。友人はレコード棚と格闘し、「アメリカのせいかバーンスタインばかりだなあ」と呟いている。探しているのは、ロシア国営レコード会社「メロディア」盤のヴェデルニコフやリヒテル、ホロヴィッツなどだ。彼はミッドタウン・サウスのアカデミーブックスがレコードをたくさん扱っていたことを思い出した。そこはスカイライン・ブックスをはじめとする古書店が軒を並べるエリアだ。

アカデミーブックスに足を伸ばすと、なんと店の名がアカデミーレコードに変わっていた。友人はたちまち嬉しそうに数枚のレコードを脇に抱えはじめる。目的さえあればとびきり楽しくなるのがニューヨークなのだ。

マンハッタンを代表する本屋と言えば、ミッドタウンのゴッサム・ブックマートだ。一九二〇年にフランシス・ステロフ夫人によって設立され、インディペンデントな作家や、数々の前衛文学を受け入れ、本を売ることよりも作家を支援する姿勢を何ひとつ変えずにいる老舗書店だ。ヘンリー・ミラーは「自分の家のような場所《Home away from Home》」と、この書店を語っている。

ニューヨークに暮らしていた頃、彼が一番通った書店が、ゴッサム・ブックマートだった。そして、この書店の斬新なセレクトや自由な精神が、のちに彼がはじめたカウ・ブックスの基礎をどれだけ支えたかは計り知れない。マンハッタンの書店が減りつつある今もゴッサム・ブックマートだけは無くなることはない。それは良き隣人である作家たちが無償の協力をして守っているからだ。また、古き佳きニューヨークはどこかと聞けば、多くの人がゴッサム・ブックマートを挙げるであろう。ニューヨーク市民からも安らぎのランドマークとしてここは愛されている。

良い街には必ず良い本屋がある、というのが彼の持論だが、最近の状況は明るくはない。一九四〇年代、書店全盛期と呼ばれた時代にはフォース・アヴェニューからアストール・プレイスにかけては本の街と呼ばれ、このエリアだけで二十五軒もの書店が軒を連ねた。八〇年代になってマンハッタンの書店は全体で二百五十軒まで増えたが、それが今ではなんと百軒以下しか残っていない。

ブックハンティングという言葉がいつまでもニューヨークにあり続けるように、心からブック・ブレス・ユー！と唱えたい。

「ニューヨークは垂直な町」と言ったのは、写真家のダイアン・アーバスだ。ある日、そんなマンハッタンの景色を思いながら、友人たちとMADというカフェで朝を過ごした。その店の隅にウディ・アレンの『マンハッタン』のペーパーバックが置かれていた。

「彼は心からニューヨークを愛していた……」。映画『マンハッタン』は、たしかウディ・アレンがそんなセリフを語るシーンからはじまる。今でもウディ・アレンはニューヨークに暮らしているのだろうか。少し前に『ギター弾きの恋』で、歳はとったが語り調子はなんら変わらない姿を観たのが最後だった。考えてみたら、ニューヨークを夢見るようになったのは、ウディ・アレンの映画がきっかけだった。そこにはシリアスでユーモラス、そして美しいニューヨークがあった。『ハンナとその姉妹』、『アニー・ホール』、『マンハッタン』。この三本が大好きだった。

ある日、空がきれいに晴れたのでイーストヴィレッジの散歩に出かけた。ウォーホールとバスキアが買い物をしたディーン&デルーカの前を通り、『バスケットボール・ダイアリーズ』のジムがドラッグを買いに行ったトンプキン・スクエア・パークを横切り、トゥーブーツ・パイオニア・シアターという小さな映画館に入った。客は三人だった。映画を観終わった帰り道、ウディ・アレンの行きつけのレストラン「エレインズ」を探してみようかと思った。

紙芝居のように変化する風景を眺めてニューヨークをそぞろ歩く。本を買って、コーヒーを飲んで、デリでランチを買って、公園に行って、町を歩いて、一日が終わるニューヨーク。明日が楽しみなのもニューヨークならではだ。

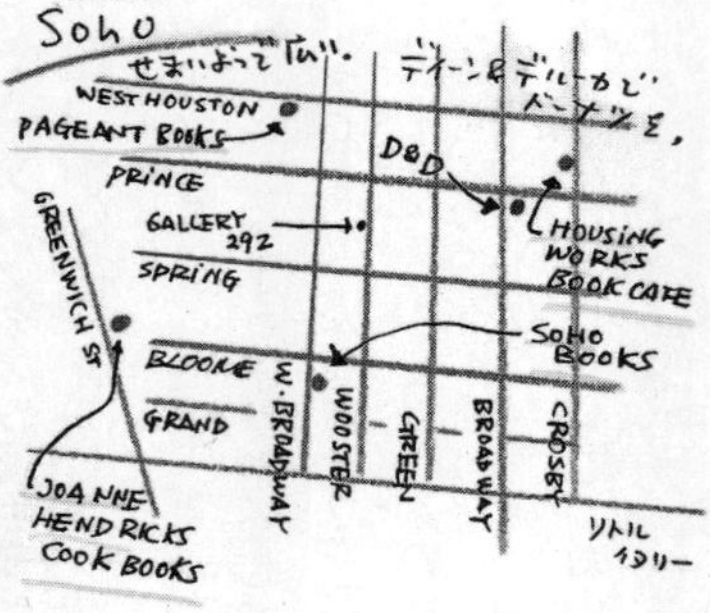

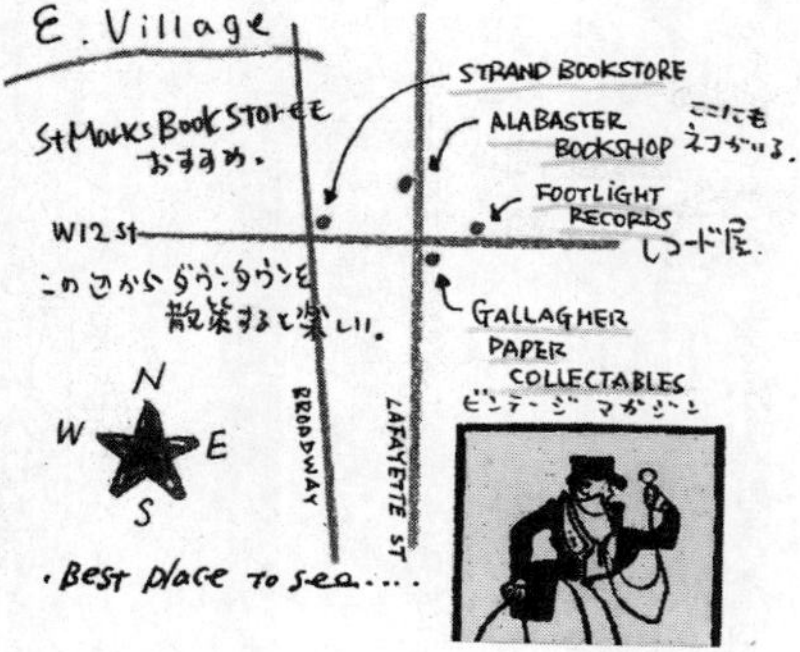

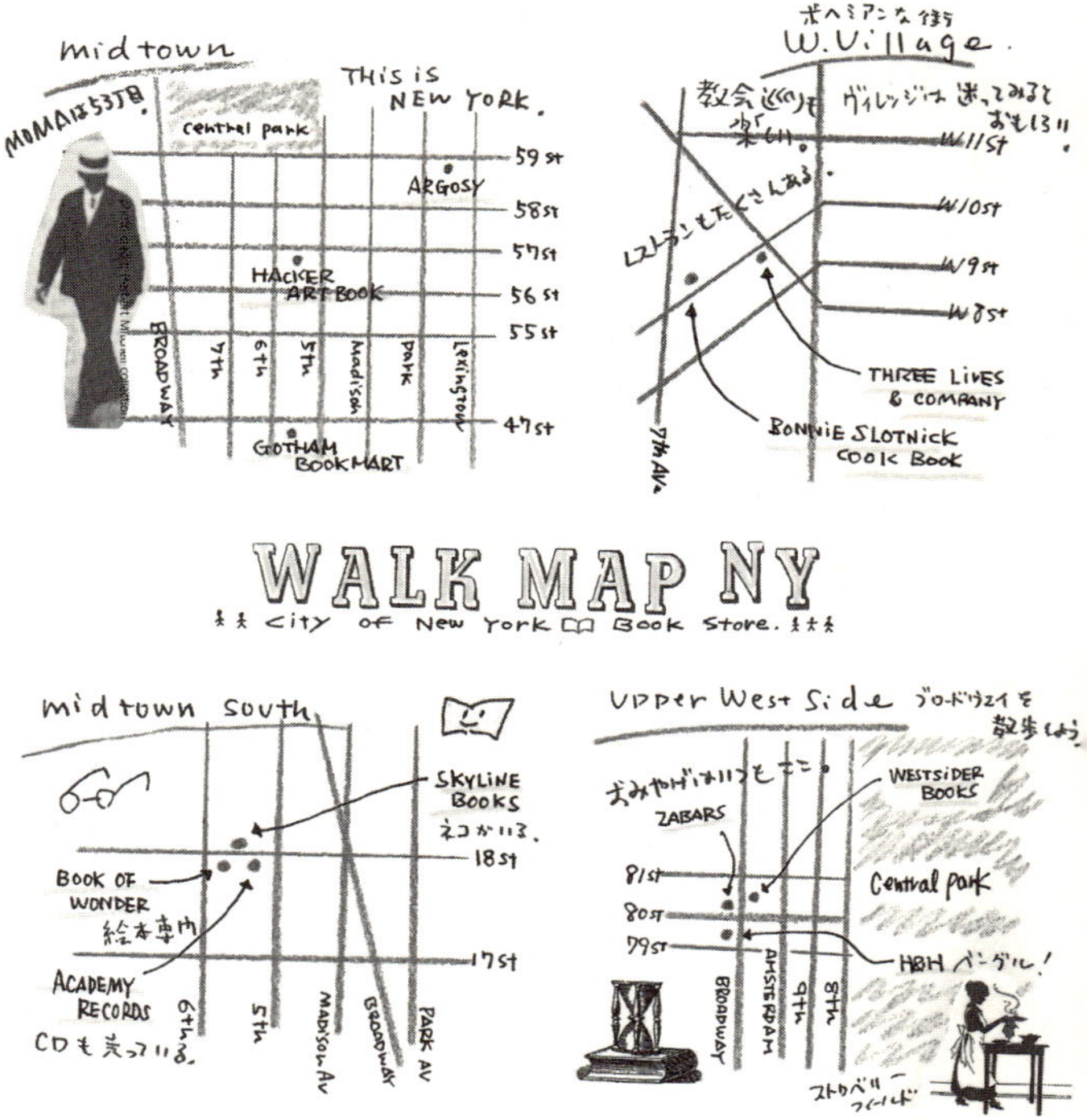
mid town
MOMAは53丁目。
central park
THis is NEW YORK.
59 st
ARGOSY
58 st
57 st
HACKER ART BOOK
56 st
55 st
BROADWAY
7th
6th
5th
Madison
Park
Lexington
47 st
GOTHAM BOOK MART
ボヘミアンな街
W. Village.
教会巡りも楽しい。
ヴィレッジは迷ってみるとおもしろい!!
レストランもたくさんある。
W 11 st
W 10 st
W 9 st
W 8 st
THREE LIVES & COMPANY
BONNIE SLOTNICK COOK BOOK
7th AV.
WALK MAP NY
City of New York Book Store.
mid town south
SKYLINE BOOKS
ネコがいる。
18 st
BOOK OF WONDER
絵本専門
17 st
ACADEMY RECORDS
CDも売っている。
6th
5th
MADISON AV
BROADWAY
PARK AV
Upper West Side
ブロードウェイを散歩しよう。
おみやげはいつもここ。
ZABARS
WESTSIDER BOOKS
Central park
81 st
80 st
79 st
H&H ベーグル!
BROADWAY
AMSTERDAM
9th
8th
ストロベリー フィールド

Paris

オベルカンフ　パリ　フランス

パリじゃなく、オベルカンフへ。「パリ再び」と熱が上がったのには理由があった。オベルカンフという町を歩きたかったのだ。なので旅は「パリへ行ってきた」というより「オベルカンフに行ってきた」というのが本当だ。

オベルカンフを知ったのは五年くらい前のこと。もともとは小さな工房が軒を連ねるアラブ人街だった。家賃が安かったため若いクリエイターたちがこぞって移り住んだことをきっかけに、カフェやバー、雑貨店などが次々と生まれ、一時はパリの流行発信地と言われるまでのスポットとなった。しかし最近はその流行も下火となり、町は落ち着きを取り戻しているという。

歩き始めてすぐに感じたのは、オベルカンフの雰囲気がサンフランシスコのノースビーチと似ていることだ。オベルカンフのある一一区はパリで一番の人口密集地。そのため人と人、道と道、建物と建物が繋がりあったコミュニティがいくつも根付き、個性的な人々の、個性的な暮らしが、町のさまざまな景色となって表れている。アフリカンな音楽が聞こえたかと思うと、アラブ語のラジオが鳴り、ピアフのシャンソンが流れるというように、ここはまさに多国籍な人種のるつぼだ。

人気の火付け役となったのはカフェ・シャルボン。飲み屋を兼ねた古い炭屋をそのままに改装したこのカフェは、ノースビーチのカフェ・トリエステ同様、年寄りから若者まで安心して集える町の灯を担っている。店の団欒は平日だろうと休日だろうといたってのんびりしている。

メトロ三号線パルモンティエ駅と、二号線メニルモンタン駅をつなぐオベルカンフ通り。そしてクロンヌ駅からはじまるジャン・ピエール・タンボー通り。そのふたつの通りをつなぐサン・モール通りをいわゆるオベルカンフと呼ぶ。さあ、もっと歩こう。

パリ右岸、バスティーユ広場の北。パルモンティエ駅のオベルカンフ通りに立つと、道が真っすぐに伸びて登り坂になっているのがわかる。見渡せば、遠い坂の上の日だまりがきらきらと眩しく光っている。この界隈はパン屋やチーズ屋、スーパーや花屋などが軒を連ねる庶民的なエリアで、たいていのものが手の届くところにある便利な町だ。横丁をのぞくとブロカント（アンティーク屋）がちょこちょことあって、右へ左へとそぞろ歩くのがすこぶる楽しい。坂を登りきったパルモンティエ駅からメニルモンタン駅あたりまで行くと、オベルカンフの魅力でもある、いわゆる「飲み屋街」へと入っていく。カフェやバーがそこかしこに見つかり、日が暮れるとにぎやかさを増す不夜城だ。
ディープなジャン・ピエール・タンボー通りを歩いた。モスクもあり、アラブ人が一気に多くなる界隈だ。サン・モール通りで買ったひと口サイズのアルジェリア菓子をむしゃむしゃ食べながら、あやしい水煙草サロンを横目に歩き、足休めに入ったテ・トロには驚かされた。そこはロバート・クラムやフリーク・ブラザーズばかりを集めたアシッド系コミック書店であり、世界の茶葉をメニューにしたティーサロンでもあった。店の壁には七〇年代のグレイトフル・デッドのコンサートポスターが貼りめぐらされている。店主はインドからアフガニスタン、日本へと十年かけて旅を続けたというゲイリー・スナイダー似のフェリッドさん。彼が丁寧に淹れてくれたローズティーは、口に含むとほのかに甘く、心地よい眠りを誘うような味わいだった。オベルカンフの面白さは思った通りだ。

ここは好きだと思うよ。パリの友人にそう聞いて向かったのは、オベルカンフ通りの北、ジャン・ピエール・タンボー通りへと抜けるモレ通りにある古着屋カサブランカだ。この通りはいたって静かでのんびりとしている。わくわくしながら店へ行くと、なんと閉まっていた。今日は休みかと残念がっていたら、犬を連れた女性店主が足早にやってきた。そして「風邪気味で遅刻しちゃった」と申し訳なさそうに言いながら、シャッターではなく、木の板でできた昔ながらの雨戸を手早く片づけて店を開けてくれた。

店は古着屋というより、遠い田舎町の寂れた洋品店のようだ。三〇年代から六〇年代にかけてのクラシカルなワークウエアのデッドストックが所狭しと積まれ、古き佳きフランスのノスタルジックな婦人服などがぎっしりと棚にあった。店に置かれたマネキンもおそらく三〇年代のものだろう。無造作にハンガーに掛けられたシャツを手にとると、「それは二〇年代にフランスの農夫が着ていた労働着よ」と店主は言った。小さめの襟でお尻が隠れる着丈のコットンシャツだ。まるでミレーの落ち穂拾いの世界だ。ぼくはその質実剛健な風合いに魅かれ買うことにした。三〇ユーロのお代を払っていると、カウンターの後ろの壁に掛かったフェルトハットが目に入った。見せてもらうとこれまた三〇年代のボルサリーノだと言う。被ってみるとぴったりだ。「最もフェルトの質が良かった時代のボルサリーノよ」と店主は微笑みながら、帽子に積ったほこりを手ではたいた。ふと外に目をやるとぱらぱらと雨が降り出している。「雨が降ったら傘を買わずに帽子を買え」。ふとそんな台詞が頭に浮かび、「ボルサリーノもください」と言うと、「よく似合ってたからねえ」と店主は頷いた。九〇ユーロだった。

カサブランカを出ると雨足は強くなっていた。ぼくはボルサリーノを目深に被って町を歩き続けた。その帰り道、何度も帽子のつばを指で触ってフェルトの感触を楽しんだ。こんなに嬉しい買い物は久しぶりだった。

オベルカンフもいいけれど、どうしても気になるパリの書店巡り。ずいぶん前からいつかパリの書店ガイドを作りたいと思い続けているが、なかなかそのきっかけがつかめない。パリには新刊、古書を扱う書店がとにかく実に多い。少し前にソルボンヌ近くのホテルに泊まったことがあるが、どこの通りにも学校があり書店があった。古書店に絞ってリストを作ってみても、一七世紀文学から初版本や限定本、原稿や手紙、新聞や雑誌というように、専門ジャンルが多く、範囲をどのように絞れば良いのか頭を悩まされる。

有名なのはセーヌ川の両岸にある露店の古書店だ。掘り出し物こそ少なくなったが相変わらず盛んである。もちろんここにも専門がある。ノートルダム横の左岸から学士院あたりまでの露店が充実していて、右岸の方は品が落ちるような気がする。桜舞うセーヌを友人と散歩しながら聞いた話では、この露店の権利はパリ市が管理していて、取得するには随分と高い権利金が必要のようだ。しかし空き待ちの列が途絶えることはないという。権利を手にすると、前の持ち主の本ごと買い取るのが習わしで、つい最近そんな世代交代の中、なんと国宝級の希少本が何年も気づかれずに露店に眠っていたというニュースがあったそうだ。

ぼくが好きなのは、土・日にヴァンヴ近くのブラッサンスで開かれる野外古書市だ。ブラッサンス公園横の広い敷地に百あまりの古書店が集い、店主がワイン片手にのんびりやっている光景はのどかでいい。文学や歴史の本がほとんどだが、児童書や写真集、アートの本も丁寧に探せば安く見つかるだろう。クリニャンクールにもリブラリエ・ド・ラヴニューといった大型古書店をはじめ、良質な古書店が数軒ある。ぼくのようにイラストや写真、デザインが美しい本を探す者にとっては、ヴァンヴやクリニャンクールの蚤の市を歩いて探す方が良いかもしれない。パリに五軒も支店があるモナ・リゼは、ビジュアルブックのデッドストック書店としてコレクターに重宝されている。

シェイクスピア・アンド・カンパニイ書店を抜きにパリの本屋は語れない。一九一九年、アメリカ人牧師の娘シルヴィア・ビーチが、フランス語ではなく英語の本のみをセレクションしてスタートしたシェイクスピア・アンド・カンパニイ書店。彼女は以前から、女友達であり書店店主だったアドリエンヌ・モニエの店で開かれるアンドレ・ジイドやジュール・ロマン、ポール・ヴァレリーらの朗読会や、エリック・サティやフランシス・プーランクの音楽会といった新しい書店活動に触発され、いつか自分も本屋を開きたいと心に決めていた。デュピュイトラン通りに開いた店は当初、貸本主体だった。

彼女はパリの古書店からだけでなく、ニューヨークにも足を運び、ロンドンではハロルド・モンローの詩の専門書店や、エルキン・マシューズの書店を訪ね、ウィリアム・B・イェイツ、ジェームズ・ジョイス、エズラ・パウンドらの詩集を主に買い集めた。店にはマシューズから購入したウィリアム・ブレイクが描いた絵、そしてウォルト・ホイットマン、エドガー・アラン・ポー、オスカー・ワイルドの写真が飾られた。その後、ビーチは検閲対象になっていたジョイスの『ユリシーズ』を自分の本屋から発行しようと尽力し、出版を果たす。驚くことに開店からたった三年後のことだ。店には、ジョイスだけでなく、多くのアメリカ人、そしてフランス人の作家や詩人が訪れるようになり、二〇年代のアメリカ文学のヨーロッパにおけるセンターとなった。しかし一九四一年、店は戦争に巻き込まれ悲しくも閉店。

現在あるシェイクスピア・アンド・カンパニイ書店はシルヴィア・ビーチの精神を引き継いだアメリカ人のジョージ・ホイットマンが一九五一年にセーヌ左岸ノートルダム近くで開いたものだ。店内には旅人が寝泊まり出来るベッドが今でも残され、新しい作家をサポートした本のセレクションも、世界中から訪れる読書家から多大な支持を受けている。店の所々にシティライツ・ブックストアのサインがあることを、店番をする長いブロンドヘアの女の子に聞くと、運命共同体として手を結んでいるのだと言う。パリとサンフランシスコが本屋でつながっていたことに、ぼくはとびきり嬉しくなった。

楽しみにしていたのは、ビストロ、シェ・ラミ・ジャンでの夕食だ。六〇年代に活躍したフランスの風刺漫画家シネのイラストが、店のカードやお皿に使われているビストロがあると噂で聞いたからだ。

パリでは今、才能ある若いシェフが抜群に美味しい地方料理を食べさせる、昔ながらのビストロが注目を集めている。バスク料理を売りにしたシェ・ラミ・ジャンも予約なしでは入れない人気だった。店は七区のアンヴァリッド近くの路地にひっそりとあった。扉を開けると、きびきびと働く給仕たちから笑顔で迎えられ、初めて訪れた緊張がやんわりとほぐれた。とても感じがいい。

メニューに目を落とすと、バスク人は食いしん坊と言うだけあって、海の幸、山の幸と多彩な料理がさすがに豊富で迷うばかり。大西洋に面したフランスとスペインにまたがるバスクには、赤・緑・黒・白の四色のソースがある。赤は赤ピーマン、緑はパセリ、黒はいか墨、白は油と出汁を乳化させたもの。これらのソースに鱈やメルルーサといった魚を組み合わせたものが伝統的なバスク料理だ。

ぼくはセルドンをアペリティフに、アントレを小さなイカにトマトと赤ピーマンを添えたグリルと、白アスパラガスのイギリス風ビネガーソース和え、レギュームに手長エビの網焼き塩バターソースを頼んだ。オーダーを済ませて安心し、プージョランの美味しいパンをちぎって食べていると、次々とお客が入ってきてあっという間に店が満席になった。

店の由来と、シネとのつながりについて店のスタッフに訊ねると、前オーナーの

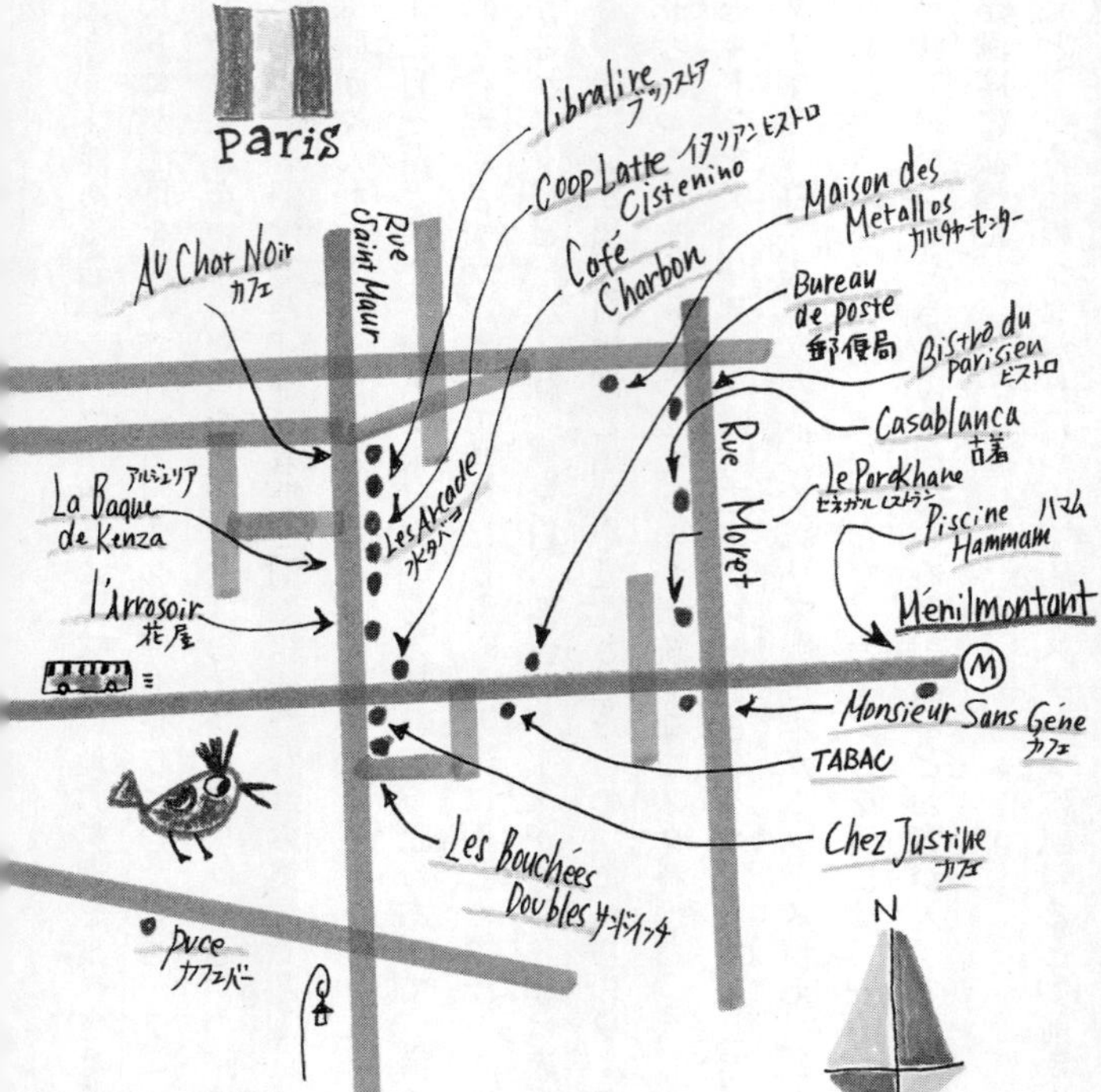
Paris
librali re
ブックストア
Coop Latte イタリアンビストロ
Cistenino
Maison des
Métallos
カルチャーセンター
Café
Charbon
Au Chat Noir
カフェ
Rue
Saint Maur
Bureau
de poste
郵便局
Bistro du
parisien
ビストロ
Casablanca
古着
Rue
Moret
Le Pordkhane
セネガルレストラン
Piscine ハマム
Hammam
Ménilmontant
M
アルジェリア
La Baque
de Kenza
Les Arcade
水タバコ
l'Arrosoir
花屋
Monsieur Sans Gene
カフェ
TABAC
Chez Justine
カフェ
Les Bouchées
Doubles サンドイッチ
Puce
カフェバー
N

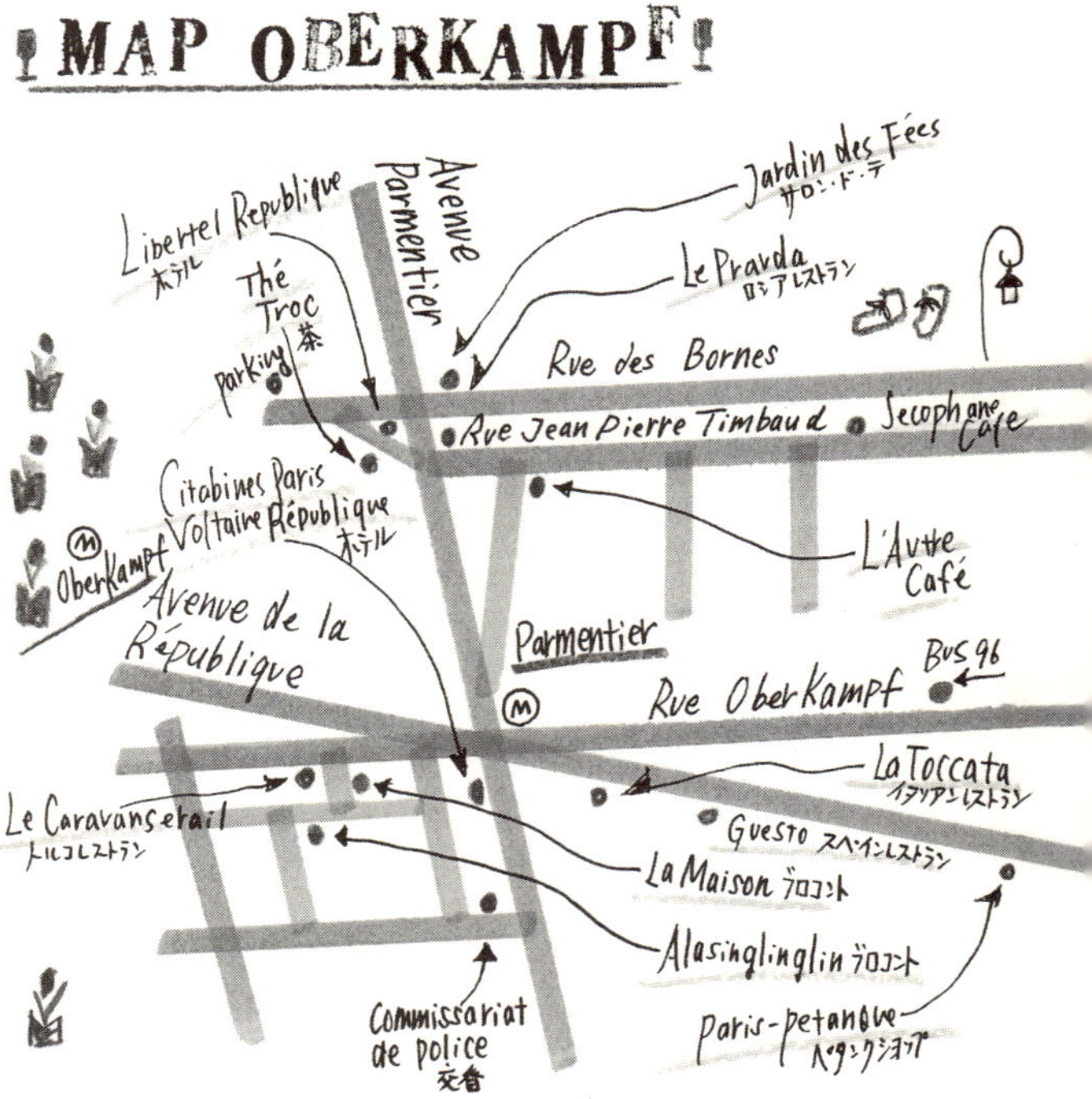
MAP OBERKAMPF
Avenue Parmentier
Libertel Republique
ホテル
Thé Troc
茶
parking
Jardin des Fées
サロン・ド・テ
Le Pravda
ロシアレストラン
Rue des Bornes
Rue Jean Pierre Timbaud
Secophane Cafe
Citabines Paris Voltaire République
ホテル
Oberkampf
L'Autre Café
Avenue de la République
Parmentier
Bus 96
Rue Oberkampf
La Toccata
イタリアンレストラン
Le Caravanserail
トルコレストラン
Guesto スペインレストラン
La Maison ブロコント
Alasinglinglin ブロコント
Commissariat de police
交番
Paris-petanque
ペタンクショップ

ジャンさんの親友だったシネが、コック服を着たジャンのイラストを描き、そこにシェ・ラミ・ジャン（友達のジャン）と書き記したことがはじまりらしい。店をそのまま引き継いだ現オーナーは、ステファンさんというブルターニュ人で、今夜も厨房で料理に腕をふるっているとのことだ。

料理はどれもが素朴な味わいで美味だった。バスク料理の神髄、気取らず飾らずの男の料理に大満足。デザートに頼んだチェリージャム添えのライスデザートは、隣りのテーブルにいた老夫婦がすすめてくれた通り、締めには最高だった。外に出るとエッフェル塔のネオンライトが星のようにきらめいていた。

昨日あったばかりの彼女と、今日も待ち合わせをしてオベルカンフを歩いた。彼女は語学学校でフランス語を学ぶ友人のルームメイトだ。忙しい友人が時間のある彼女を案内役に紹介してくれたのだ。初めて会った日、ぼくは泊っていたバスティーユのホテルからほど近いマルシェで買ったイチゴを彼女にプレゼントした。

そしてその日はサン・ルイ島を歩き、ベルティヨンのアイスクリームをふたりで食べた。

会うなりぼくは、先日訪れた絵本専門店ドゥアイー・エ・カンパニーで見せてもらったナタリー・パランやアンドレ・ペクーの素晴らしい絵本のことを彼女に話した。本好きな彼女はもちろんその店を知っていて「ナタリー・パランの絵はわたしも好き」と微笑んだ。この日ぼくらは、サン・モール通りにある、彼女おすすめのサンドイッチ屋レ・ブッシェ・ドゥーブルでサーモンサンドを買い、オベルカンフの小径を散歩し、シテ（袋小路になった集合団地）を見て廻った。それから大通りを少し離れた場所にあるシテに彼女の知り合いがアトリエを持っているというので足を延ばした。

アトリエはシテの一階を占める広いスペースで、絵描きという知人の作品がいくつも壁に掛けてあった。アトリエの窓やドアは開け放してあり、小枝のそよぎや春の風がささやくように通り抜けていた。アトリエに入っていくと知人は留守だった。ぼくらに気がついた隣りの住人が、窓から顔を出して「たぶんすぐに帰ってくるよ」と言った。ぼくらは廃材で作ったベンチに座って帰りを待つことにした。彼女はぼくの肩に自分の頭をそっと載せて黙っていた。アトリエにはさんさんと陽が差し込み、中庭にある木々の影がアトリエの床に美しい模様を作っている。

「ハマムって知ってる？」

突然彼女がぼくに訊ねた。「いや知らない」と答えると、「イスラムの蒸し風呂だけどオベルカンフにもあるのよ。帰りに入っていかない?」と言った。彼女の顔は近かった。「うん、いいよ」と答えると、彼女はぼくの手をとって、立ちあがった。昨日会ったばかりの彼女とぼくは、今日はじめて手をつないで歩いた。

Berkeley

バークレー　サンフランシスコ　USA

サンフランシスコ空港から車でバークレーに向かう途中、ベイ・ブリッジを走り抜ける時の景色が好きだ。カリフォルニアの太陽がキラキラとはじける港を見渡しながらアクセルを踏み、スピードをグンと上げると、いつしか気分は『卒業』のダスティン・ホフマン。八〇号線を降りて、ユニバーシティー・アヴェニューを東へ進み、サヴァーヴな町をゆっくり流すと、ラジオからキャンパス放送が流れてくる。緑豊かな小高い山が見えてきたら、空港からわずか二十分でバークレーに到着。

バークレーは、シャタック・アヴェニューを中心にして栄えるキャンパス・タウン。ぼくはバークレーに暮らす人々にならってシャタック・アヴェニューをゆっくりと大股で歩く。ひょうひょうとした軽い気持ちでくちぶえを吹きながら、ただひとり歩いていると、とんぼが一匹浮くように目の前を飛んでいった。

今日のランチは決めている。テレグラフ・アヴェニューのカフェ・インテルメッツォのベジー・サラダだ。食べきれないほど大きなボウルに盛りつけられるサラダは、地元のオーガニック野菜しか使われていない。まさに「Think Globally, Eat Locally（世界規模で考え、地元規模で生きよ）」。ぼくはテレグラフ・アヴェニューに面したカウンターに座り、「バークレー・デイリー・プラネット」を開いた。サラダを口にしていると、目の前を白髪の老人がスケートボードで滑っていった。

ジス・イズ・バークレー。

ランチを食べたらPeople's Parkでごろりとするべし。いまではホームレスもたむろする、なんてことない芝生の広場だが、公園の南の雑木林を歩いてみると、いかにもヒッピーな輩が黙々と花壇の手入れをしたり、小さな畑で野菜を育てていたりとラブ&ピースな時代の匂いが残っている。公衆トイレの壁は落書きで埋められ、それが歴史保存されていると聞くが真相はわからない。トイレの横で一日中椅子に座っているホームレスが管理人なのかもしれない。

面白いのは、この公園が旅するバックパッカーやホームレスの貴重な生活スペースであることだ。公園の片隅に屋根付きの大きなボックスがいくつも置いてある。リサイクルボックスと呼ばれるこの箱には、近隣の人たちが不要になったものを寄付のように投げ込んでいく。一番多いのは洋服。要するに着るものに困ったら、このリサイクルボックスを開ければセーターでもジーパンでも簡単に手に入る。冬の日、薄着の旅人には宝箱となるボックスだ。もらっていくのはホームレスばかりではなく、貧乏学生なども常連だ。

日が落ちて夕方になる頃、公園を目指して歩く、いかにも放浪中の薄汚れたバックパッカーに多く出くわす。皆、夜をそこで過ごすのだろうか。月夜のピープルズ・パーク。野生のローズマリーに包まれて眠るのも悪くないだろう。

キャンパス・アヴェニューの角にあるカフェ・ストラーダでホット・アップルサイダーとレーズン・デニッシュを頼んだ。見渡すとここはＵＣバークレー校のすぐ横という立地のせいか、教科書やノートを広げて勉強する学生がとても多い。時折このカフェのテラスで授業も行われるというから、もはや大学の一部と言ってもいいかもしれない。またここは、映画『卒業』の舞台にもなったカフェとして有名。学生たちは、一杯のコーヒーで、陽の光を浴びながら、今日のレポートに取り組み、友人たちや恋人と語らい、その名の通り、一日を大きくまたいで《stride》いく。

片膝を立て、さっきから熱心に教科書を読んでいる目の前の女学生を、微笑ましく眺めていたら、首から下げていた携帯電話が鳴り、恋人らしき相手と話しはじめた。驚いたのは、すぐに眼鏡を外し、教科書をほうり投げ、電話口に向かって、しきりに小鳥のようなキスを繰り返す女学生の変貌ぶりだった。ガリ勉と恋する少女が同居するその姿が愛しく見えた。

夜、ホテルに戻ると、『卒業』でミセス・ロビンソンを演じたアン・バンクロフトが亡くなったというニュースがテレビで流れていた。七十三歳だったという。なんて偶然だ。ぼくの頭には、ベンジャミンとミセス・ロビンソンがデートしたカフェ・ストラーダのシーンがいつまでも巡った。次の日の朝、カフェに行くと、サイモン&ガーファンクルが流れていた。店内はいつものように教科書を広げる学生でいっぱいだった。

バークレーは古書天国だ。昔、手紙でそう書いてよこした友人がいた。キャンパス・タウンだからか。いや、昔からこの町には、個人の言葉を文字にし、印刷製本によって多くの人に知らしめるという書籍文化と、それを支える書店文化がある。今でも小さな印刷屋、そして製本屋が多いのもバークレーの特徴だ。

セレンディピティは、UCバークレー校で教鞭をとっていた元学生運動のリーダー、ピーターさんが営む古書店。専門はファーストエディションと詩とリトルマガジン。ここを初めて訪れる者は、その広さと蔵書の多さに圧倒されるだろう。シャタック・アヴェニューの西にあるのが、新刊と古書を扱うブラックオーク・ブックス。テレグラフ・アヴェニューへ足を伸ばしたら、新刊書店コーディース・ブックスをのぞくといい。ここでは毎晩リーディングが行われている。今宵は、グレイトフル・デッドのフィル・レッシュの自伝出版のお祝いで大にぎわいだ。ブック・ラヴァーズにとってたまらないのがモエズ・ブックス。四階の希少本ルーム「モア・モエズ」は、散財を恐れる者は立ち入るべからず。写真集、アートブックなどのレアアイテムがどっさりとあるからたまらない。毎回、両手にずしりと重たいブックトートで店を出る。余力があれば、モエズ・ブックスの斜め前、シェイクスピア・アンド・カンパニイ書店へ寄ってはどうか。掘り出し本が多いと評判の一軒だ。今回一番の収獲は、サリンジャーの『ライ麦畑でつかまえて』の一九五一年初版の復刻版だ。この装丁の版は古書好きにとって夢のまた夢の一冊だ。

六〇年代末の学生運動の発祥の地であり、フラワーチルドレンの本拠ともなったUCバークレー校のキャンパス。カラリと晴れたある日、キャンパス散策へと出かけた。ゆるやかで起伏のある丘陵地の、美しい自然と調和するように配置された校舎や施設。広い構内はどこを見ても清潔感に溢れている。大学のシンボルである時計塔、セイザータワーが静かに時を告げているさまは、伝統ある学問の府としての雰囲気そのもの。エレベーターで展望台へと昇ると、キャンパス全域とサンフランシスコ湾が三六〇度で一望できた。下を見ると小さな虹が浮かんでいる。散水車がキャンパスの植物にゆっくりと放水しながら走っているせいだ。

さらさらとそよぐバークレーの涼しい風に吹かれていると瞼が重くなる。そんな静寂もつかの間だった。正午になると、南門を中心に学生たちが集まり一気ににぎわいを増していく。南門には生協やカフェテリアがあるせいか、あたり一帯が昼食の場となる。気がつけばサンドイッチ屋やハンバーガー屋も現れ、ベンチや縁石、芝生なども学生たちで埋まり、あたかもお祭り騒ぎだ。ビラを配る者、演説をする者、ギターを弾いて歌う者、裸になる者も登場し、渾然一体となってキャンパスの雰囲気は一変した。

しかし、やがて授業開始の時間とともに学生たちは消え去り、何事もなかったかのようにキャンパスは平静に復していった。あんなににぎわっていた南門広場を見ると、いまは犬が一匹とぼとぼ歩いているだけだ。そしてまた散水車が植物に水をやりながら走っていった。

バークレー歴史建造物協会が編纂した『41 Walking Tours of Berkeley』というガイドブックは、毎年ドライフラワーを送ってくれるバークレー在住の友人がプレゼントしてくれた一冊だ。「知られざるバークレーの魅力は、個人邸宅を含む数々の木造建築です」と、すべてが個人の投稿によるところがまたバークレーらしくて面白い。

たとえば、シャタック・アヴェニュー散策の帰り道、来た道をただ戻るのではつまらない。ワンブロック西に入り、住宅街の小道を歩くのをおすすめしたい。バークレーのチャーミングな家とそのガーデニング・スタイルがたっぷりと堪能できる。友人が言うには、バークレーの人たちは植物を植えることが大好きだけど、間引いたりカットすることは好まないらしい。ハーブも草花も植えては森のように茂らせるのがスタイルだと笑った。それが荒れて見えないのが「バークレースタイル」なのだ。沿道のローズマリーも人の背丈ほどまでにすくすくと育ち放題。

見ごたえがあるのは、キャンパス北周辺のエレノア・スミス邸をはじめとする二十数カ所が見て回れるルート。バーナード・メイベックが設計したクリスチャン・

BERKELEY

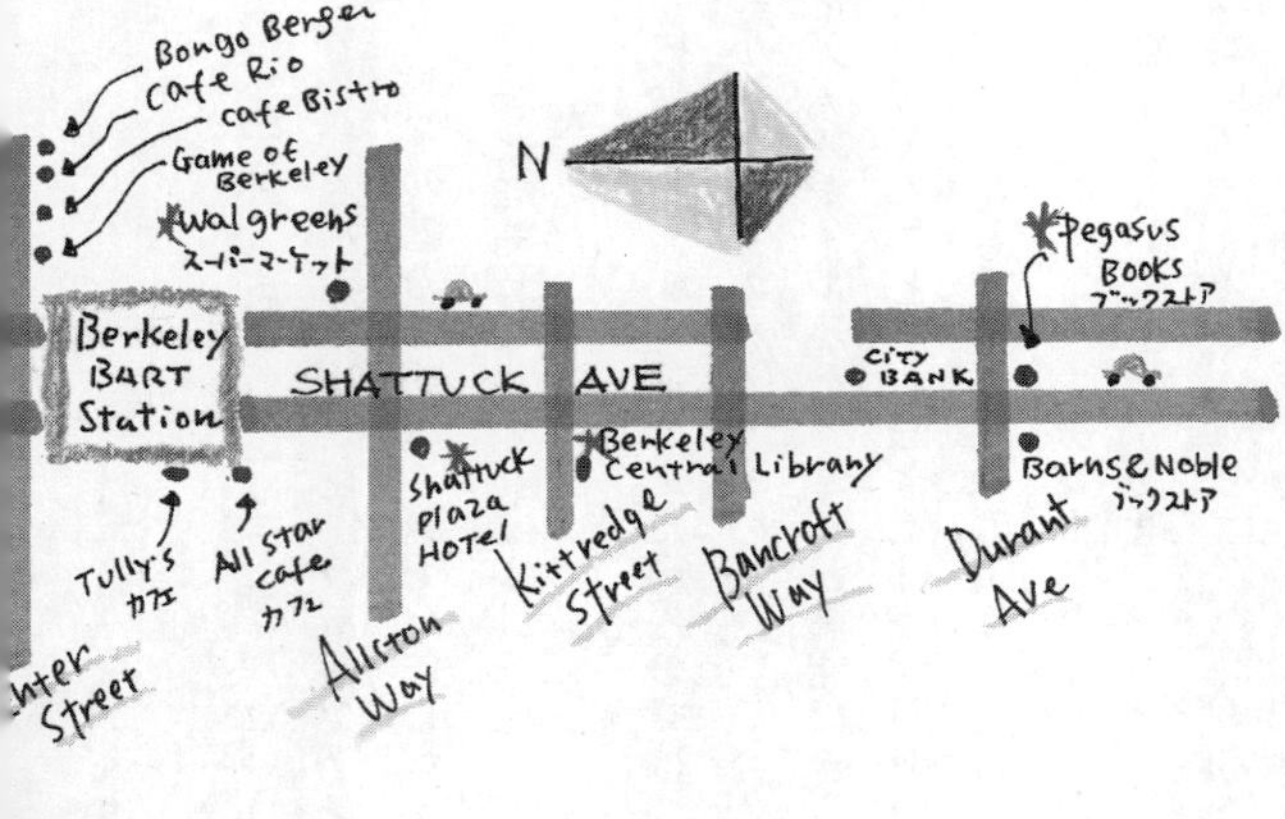
Bongo Berger
Cafe Rio
cafe Bistro
Game of Berkeley
Walgreens
スーパーマーケット
N
Pegasus
BOOKS
ブックストア
Berkeley
BART
Station
SHATTUCK AVE
City
BANK
Shattuck
Plaza
HOTEL
Berkeley
Central Library
Barns&Noble
ブックストア
Tully's
カフェ
All Star
cafe
カフェ
nter
Street
Allston
Way
Kittredge
Street
Bancroft
Way
Durant
Ave

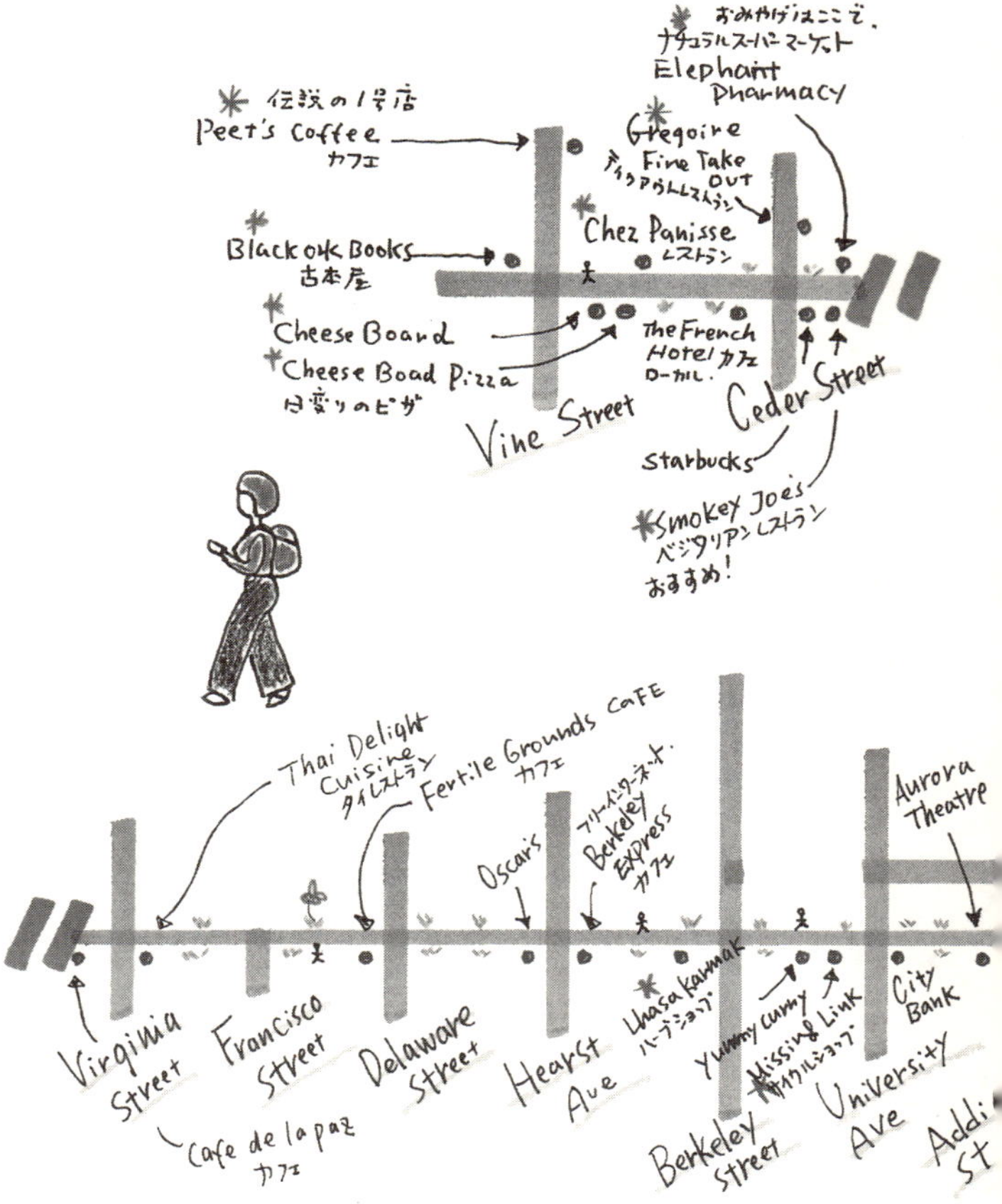
おみやげはここで。
ナチュラルスーパーマーケット
Elephant Pharmacy
伝説の1号店
Peet's Coffee
カフェ
Gregoire
Fine Take OUT
テイクアウトレストラン
Black Oak Books
古本屋
Chez Panisse
レストラン
Cheese Board
Cheese Boad Pizza
日替りのピザ
The French Hotel カフェ
ローカル.
Vine Street
Ceder Street
Starbucks
Smokey Joe's
ベジタリアンレストラン
おすすめ!
Thai Delight Cuisine
タイレストラン
Fertile Grounds CAFE
カフェ
Oscar's
フリーインターネット.
Berkeley Express
カフェ
Aurora Theatre
Virginia Street
Cafe de la paz
カフェ
Francisco Street
Delaware Street
Hearst Ave
Lhasa Karnak
ハーブショップ
Yummy curry
Missing Link
サイクルショップ
Berkeley Street
City Bank
University Ave
Addi
St

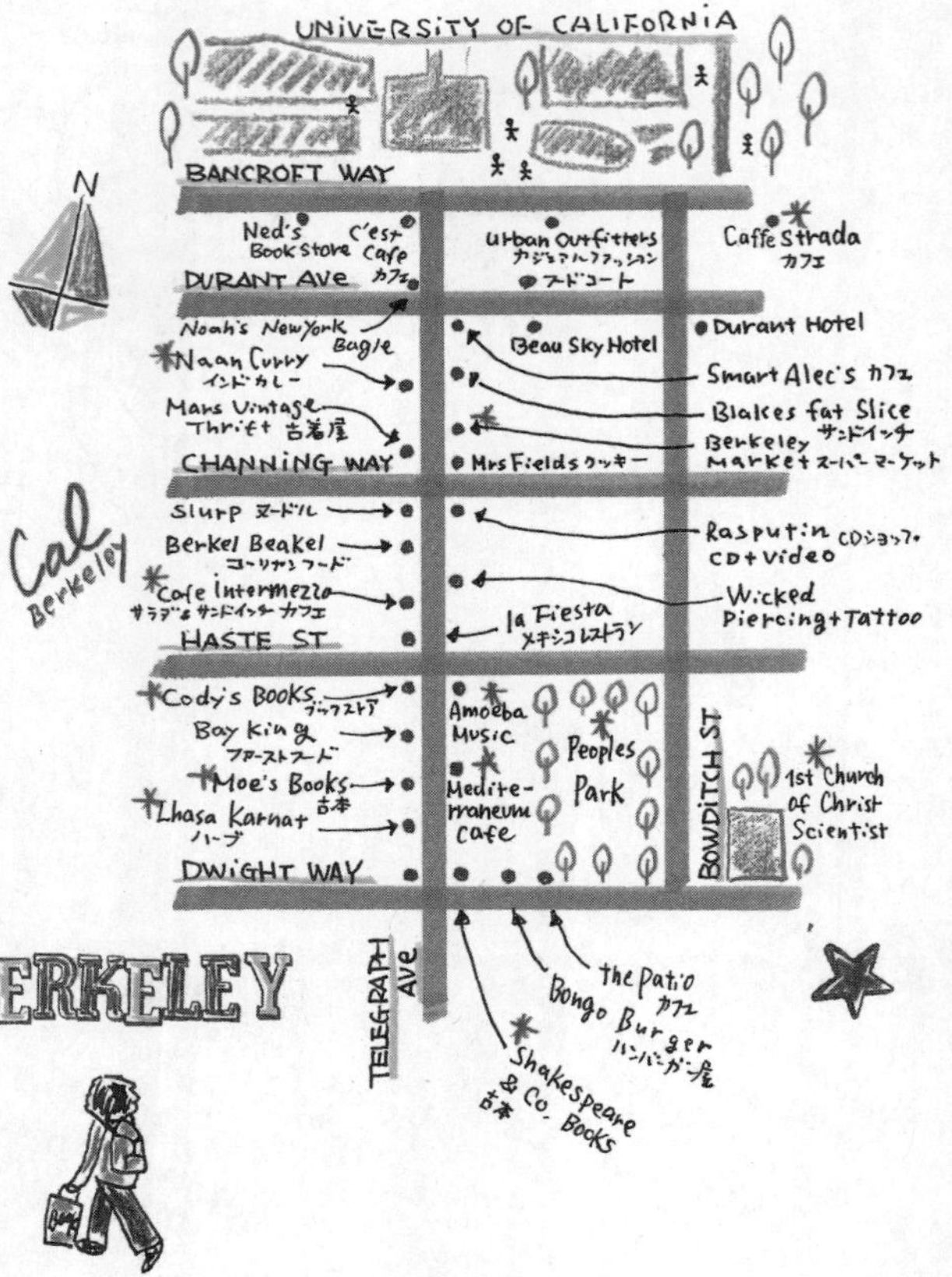
UNIVERSITY OF CALIFORNIA
BANCROFT WAY
N
Ned's Book Store
C'est Cafe カフェ
Urban Outfitters カジュアルファッション
フードコート
Caffe Strada カフェ
DURANT AVE
Noah's New York Bagle
Naan Curry インドカレー
Mars Vintage Thrift 古着屋
Beau Sky Hotel
Durant Hotel
Smart Alec's カフェ
Blakes fat Slice サンドイッチ
Berkeley Market スーパーマーケット
CHANNING WAY
Mrs Fields クッキー
Slurp ヌードル
Berkel Beakel コーリヤンフード
Cafe Intermezzo サラダ&サンドイッチ カフェ
Rasputin CDショップ CD+Video
Wicked Piercing+Tattoo
La Fiesta メキシコレストラン
Cal Berkeley
HASTE ST
Cody's BOOKS ブックストア
Bay King ファーストフード
Moe's Books 古本
Lhasa Karnat ハーブ
Amoeba Music
Mediterraneum Cafe
Peoples Park
BOWDITCH ST
1st Church of Christ Scientist
DWIGHT WAY
TELEGRAPH AVE
BERKELEY
the Patio カフェ
Bongo Burger ハンバーガー屋
Shakespeare & Co. Books 古本

サイエンティスト第一教会が、一八九〇年代のアーツ・アンド・クラフツ運動から生まれた新古典様式の傑作と言われ、禅や民芸に通じた東洋思想も発見できる。

グランド・ストリートに暮らす友人に招かれた夜、イラクサのスープをご馳走になった。イラクサはネトルとも呼ばれるハーブの一種。ベジタリアンの友人は肉代わりにひんぱんに食べていると言った。友人はシャタック・アヴェニュー沿いにあるラサ・カルナックという小さなナチュラル・ストアに勤めていて、手に入りにくい素材やハーブを使って料理を作る達人だ。達人であるからして知識も豊富で、素材について尋ねると、知っていることをとことん説明してくれる。イラクサについて尋ねると、チベットでは身体に力をつける食べ物だと教えてくれた。イラクサと言えばチベットのミラレパ。修行中にイラクサだけを食べていたから身体が緑色になったと言い伝えがある。

イラクサのスープを初めて食べるのがバークレーだなんて、いかにもらしいいなあと感心した。そのくらいバークレーにはナチュラリストが多く暮らし、世界中の自然食文化が深く溶け込んでいるエリアだ。バークレーの良心と呼ばれる、アリスさんのシェ・パニスにしても、イスラエルのキブツを参考にして組織したエリザベスさんのチーズ・ボードにしても、ナチュラル&エコロジーを背景にしたガーデン・エイジの思想と知性と気骨を育んだ証と言えよう。

「大事なのは土。自分たちが暮らす土地を愛するということは、その土地の土をいかに耕すかということ。それがバークレーのバイオリージョナリズムよ」。友人はそう言って微笑んだ。

Brimfield

ブリムフィールド　マサチューセッツ　USA

アメリカ東海岸、マサチューセッツ州西部の小さな町、ブリムフィールドを知ったのは、旅先の空港で手にした雑誌の記事がきっかけだった。その記事は有名な女性トラベル・ライターがレコメンドする、全米フリーマーケットのベストテン・リスト。まだ薄暗い朝焼けの空の下、深い森に囲まれた広い草原にぽつんぽつんとテントが建ち並んでいる。アンティークの生活用具が所狭しと置かれた物置小屋のようなテントの中で、老眼鏡を鼻にかけたトラベルライターらしき人が、丸太をくり貫いて作ったボウルを高く持ち上げ、品定めしている写真があった。ページの隅には、「マサチューセッツ州ブリムフィールドJ&J」と記されている。草原の透き通った空気の匂いが香るその写真と記事が気に入って、雑誌から破ってポケットにしまっておいた。

ベストテン・リストのトップに選ばれているこのブリムフィールドのフリーマーケットこそは、コラムによれば、アメリカのフリーマーケットマニアの聖地と呼ばれる場所なのだそうだ。五月と七月、九月の年三回のみの開催。場所はボストンから車で約三時間。参加するディーラーは五千を超えるというから、もはや想像が出来ない規模だ。都会ではなく自然溢れる田舎町で行われる、大きな大きなフリーマーケット。そこにはどんな景色があるのだろう。そこにはどんな人が集まり、どんなものが並べられるのだろう。考えれば考えるほど、今すぐ行きたくなった。

宿泊はテントサイドでキャンプする。慣れた人はそうするらしい。ブリムフィールド近辺には宿は少なく、すぐに予約で埋まってしまうからだ。とはいうものの、一軒の宿に電話してみると急なキャンセルが出て、希望する日に部屋が空いていた。ここでは一年前から予約するのが常というから幸運中の幸運だ。

しかもその宿は一九世紀のニューイングランドスタイルを生かしたオールド・インというから喜びは二倍になった。フリーマーケットが目的だと告げると、「遠い日本から、初めてのお客が我が家にやってくる」と、家主の夫婦は両手を広げて大歓迎してくれる。

ほんの小さなきっかけがゆっくりと、でもとんとんと膨らんで、いくつもの邂逅が重なり合いながら、遠い知らない町へといざなってくれる。出発までのこのやわらかで優しい心持ちはどう伝えればいいのだろう。

最終便で着いたボストン空港から車を飛ばして、ザ・ヤンキー・クリケットＢ＆Ｂに着いた頃は、すでに日付けが新しく変わっていた。小道をくねった先、森の中にひっそりと佇む宿の前で、主人のビルさんが待っていてくれた。自分たちの手で直しながら造り上げたという宿の内装は、いたって簡素で家庭的だった。

明日の朝食は、宿泊客みんなで卓を囲むというから、楽しみでわくわくした。ベッドにもぐって目をつむると、ほうほうと森からふ

くろうの声が聞こえ、遠い旅の疲れを忘れさせてくれた。

宿はスターブリッジという町にあった。ここは、一八三〇年代の古き佳き時代のニューイングランド地方の生活を伝える博物館オールドスターブリッジ・ヴィレッジがあることで知られている。アンティーク好きなら一度は訪れたい素敵な町だ。宿からフリーマーケット会場までは車ですぐの距離だが、その途中がアンティーク屋だらけで驚いてしまう。そう、ここは古くから栄えるアンティーク屋の町。車を走らせると、山、森、草原、アンティーク屋の繰り返し。そして道沿いの民家の前ではガレージセールが行われているから、そぞろ歩いているとなかなか会場にはたどり着けない。

ブリムフィールドのフリーマーケットの正式名称は「ブリムフィールド・アンティーク&コレクティブルズ・ショー」といい、二〇号線沿いの広大な草原に十六ものプロモーターが敷地を区切って、フリーマーケットを運営している。入場料を取るところもあれば無料のところもある。大きいのはJ&Jとメイズのふたつ。フリーマーケットマニアは、このふたつの会場から見始めるらしい。それにしても、いくらアンティーク好きでも五千を超えるテントを、ひとつひとつ見て歩くのは大変

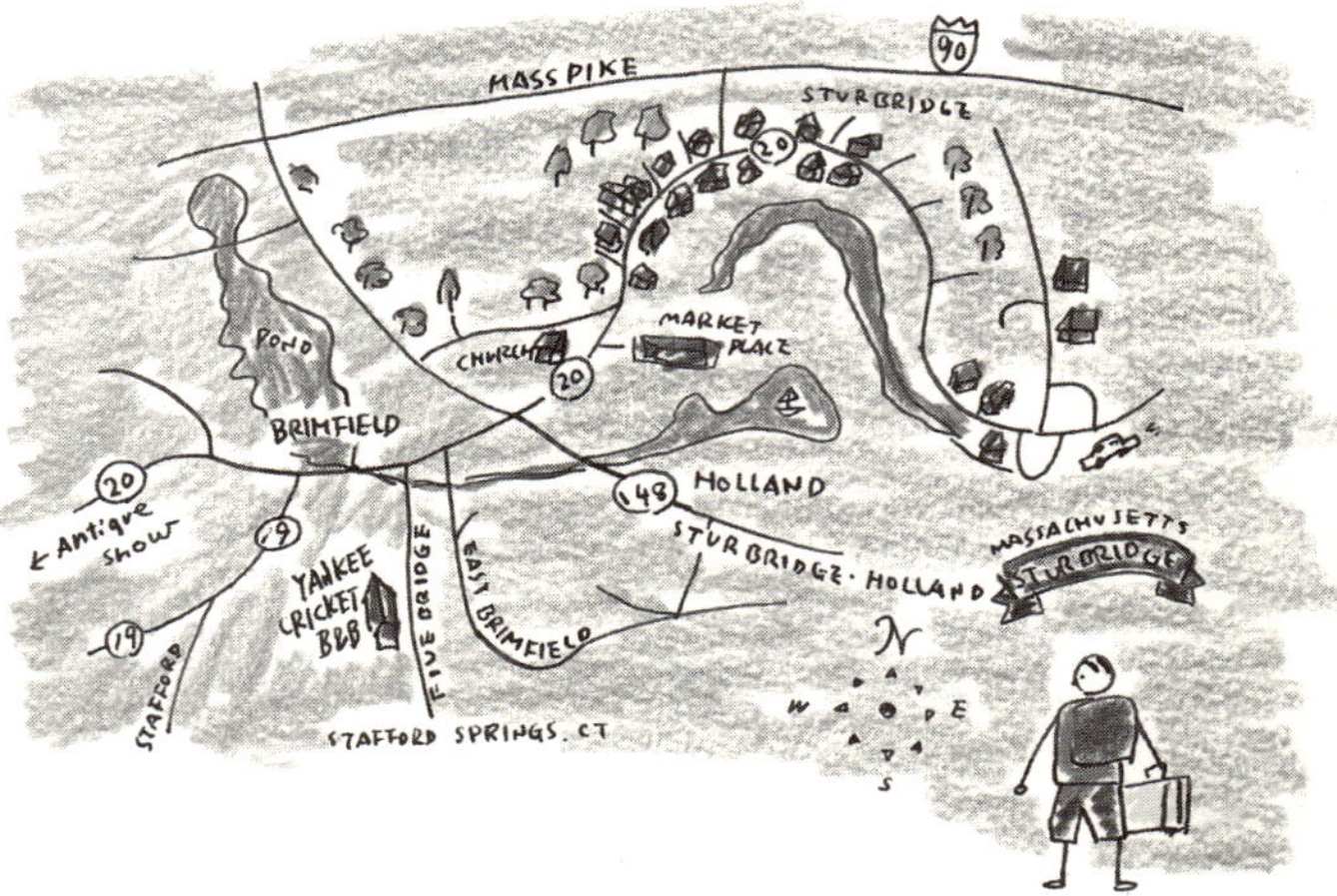

な苦労だ。しかし行く人を見るとみんな楽しそうだ。若い人は少なく、年配のカップルが多い。アンティーク探しは、アメリカ人の老後の趣味と言われているが本当のようだ。さてさて、そろそろこちらも口を結んで、真剣に宝探しを始めようか。

とにかく何でもある。家具から生活道具、本や布地、コレクター向けのものからガラクタまで、こんなモノまで売るかと笑えるモノまで並んでいる。その並べ方が、またそれぞれ工夫が凝らされていて面白い。ワゴン車のリアドアを開けるとそこが店になっていたり、トラックの荷台そのものが店になっていたり、芝生にぽつんぽつんとモノを置いてあるだけだったり。探す楽しみと見る楽しみで飽きることはない。しかも会場は芝生なので、いくら歩いても疲れない。空気は美味しいし、そよぐ風も気持ちいい。見上げる空は大きくて、のんびりどこまでも歩ける気になってくる。売る側も買う側もあくせくしてないところもいい。

ここに集まっているアンティークの多くは、場所がらニューイングランドのカントリースタイルが多い。もしくはシェーカースタイルなど。一軒のテントで見つけたのは一九世紀シェーカーの洗濯バサミだった。ひとつひとつ木を手で削ったもので、そのいびつ加減が造形的でひと目で気に入った。ザックリとあ

った中から気に入ったカタチをいくつか選んだ。ひとつ一〇ドル。同じ店で、ゆで卵を立てるようなガラスの小さなカップがいくつかあった。これは何かと聞くと、ペニー・リックと言い、昔アイスクリームのコーン代わりに使っていた食器だと店の主人は教えてくれた。これにも魅かれたが、値段が一丁前であきらめた。どの店も品のことを聞くと、喜んで教えてくれる。売ることよりも、自慢の品について、たくさんの人と話したくて待っている。どこもかしこも、わいわいがやがや、ニコニコわっはっはと、にぎやかなのだ。

ペーパーボーイズ・バッグを、肩から斜めに掛けて歩いているのは、フリーマーケット・マニアだ。ペーパーボーイズ・バッグと

は、アメリカの新聞配達少年が新聞を入れて持つ、帆布で出来たバッグ。今のメッセンジャーバッグの原形と言えよう。ブリムフィールドでも、ペーパーボーイズ・バッグを掛けた人を何人も見かけ、かっこいいなあ、いいなあ、とつぶやいた。

エリアの移動中、向こうから歩いてくる女性二人連れがともにペーパーボーイズ・バッグを掛けていた。それも「J&J」のロゴ入りのものだった。どこで買ったかと尋ねると、去年ここで買ったけれど、もう売っていないわよ、と教えてくれた。譲ってくれないかとお願いすると笑顔で断られた。欲しいとなるともうたまらない。会場の隅々までペーパーボーイズ・バッグを探し歩いた。

「ブリムフィールド・ニュース！　ブリムフ

イールド・ニュース！」と叫ぶ新聞売りの少年とすれ違った。彼の使うぼろぼろペーパーボーイズ・バッグさえ、今の自分には眩しく見えた。そんなこんなで半分あきらめながら、キッチン道具を並べた店にふらりと入ると、ナプキンを入れる什器にペーパーボーイズ・バッグが使われているのが目に入った。

やっと見つけた！「これいくらですか？」と聞くと、「うーん、六五ドル」と店主は言った。悩むことなくお金を出すと、なぜか四五ドルにまけてくれた。最高の笑顔でバッグを受け取ったのは言うまでもない。ペーパーボーイズ・バッグを掛けた自分は、エッヘンとえばってみせた。青い空にはちぎれた雲が悠々と浮かんでいた。

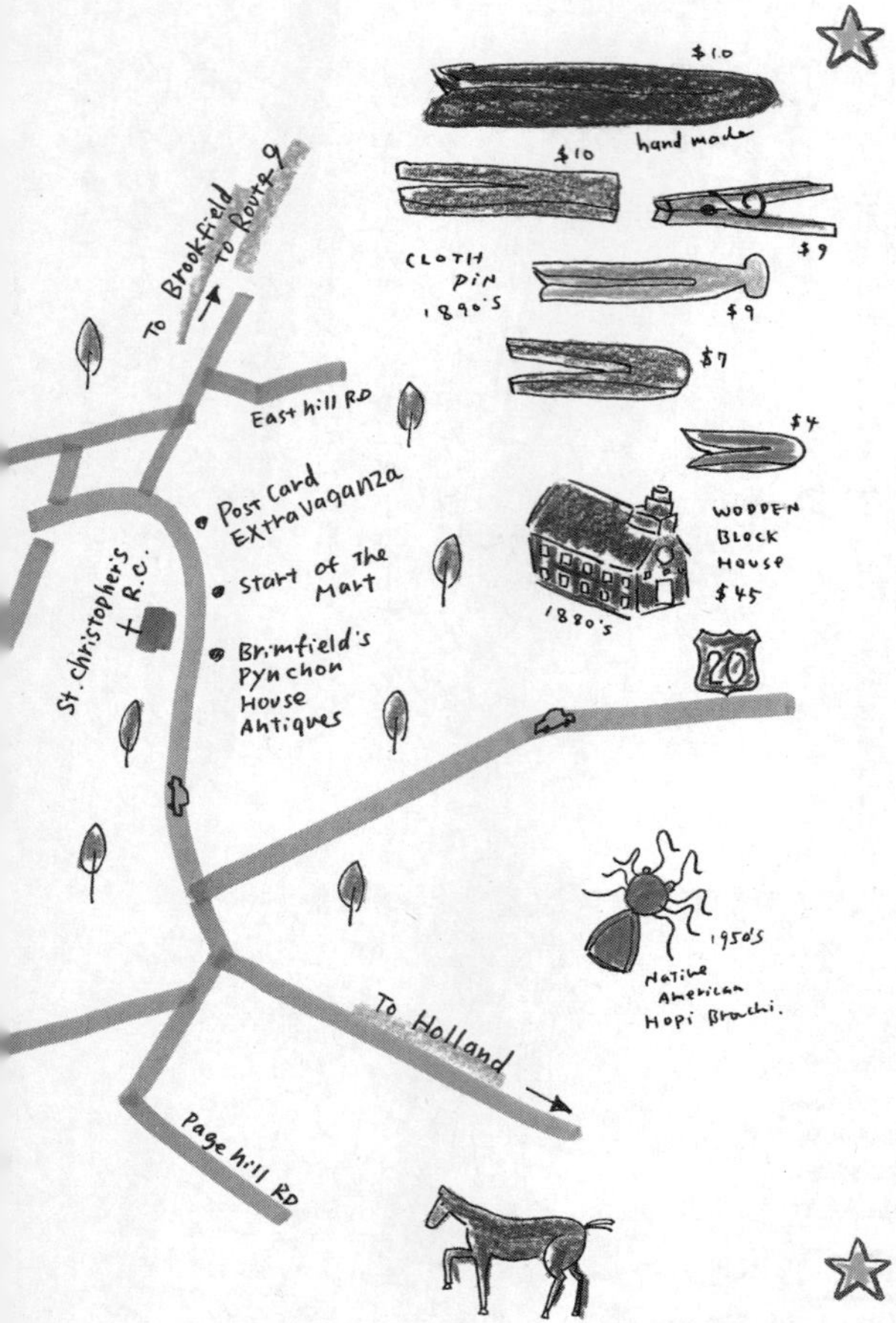

$10
hand made
$10
$9
CLOTH
PIN
1890's
$9
$7
$4
WODDEN
BLOCK
HOUSE
$45
1880's
20
1950's
Native
American
Hopi Broachi.
To Brookfield
To Route 9
East hill RD
Post Card
Extravaganza
Start of the
Mart
Brimfield's
Pynchon
House
Antiques
St. Christopher's
R.C.
To Holland
Page hill RD

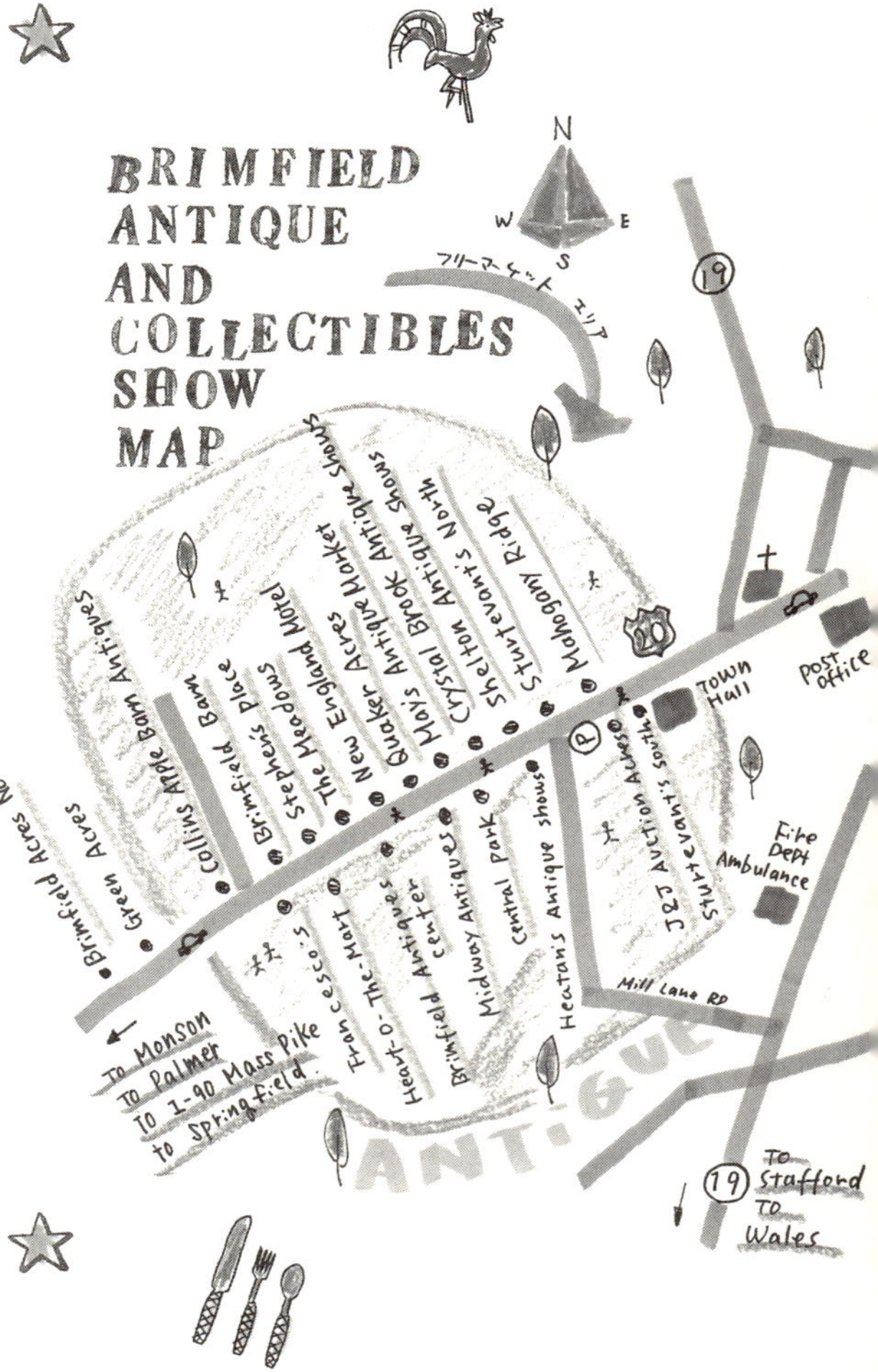

BRIMFIELD ANTIQUE AND COLLECTIBLES SHOW MAP
N
W
E
S
フリーマーケットエリア
19
20
Brimfield Acres North
Green Acres
Collins Apple Barn Antiques
Brimfield Place
Stephen's Place
The Meadows
The New England Motel
New England Acres
Quaker Antique Market
May's Antique Market
Brook Antique Shows
Crystal Antique Shows
Shelton Antiques North
Sturtevant's Ridge
Mahogany Ridge
P
Town Hall
Post office
Francesco's
Heart-O-The-Mart
Brimfield Antiques Center
Midway Antiques
Central Park
Heaton's Antique shows
J&J Auction Acres
Sturtevant's South
Fire Dept Ambulance
Mill Lane RD
To Monson
To Palmer
To I-90 Mass Pike
to Springfield
To Stafford
To Wales
ANTIQUE

ネイティブ・アメリカンのリングをお守りに身に付けてから十年近くが経つ。元来、ネイティブ・アメリカンのアクセサリーは自分のお守りとして作るものと、工芸品として売るものがある。しかしこれほど真贋を見極めるのが難しいものはない。ターコイズ石にしても、最近は練り物の石であることが多い。コレクターの間では一九六〇年代までが良しとされ、ニューメキシコで採れる本物のターコイズ石を使ったリングやブレスレットは、ヴィンテージとして扱われている。

　メイズの会場内の片隅で、フロリダからやってきたネイティブ・アメリカン・アクセサリーを扱う夫婦に出会った。並べられているのはすべてヴィンテージだった。ナバホ族、ホピ族、ズニ族など、古い三〇年代のミュー

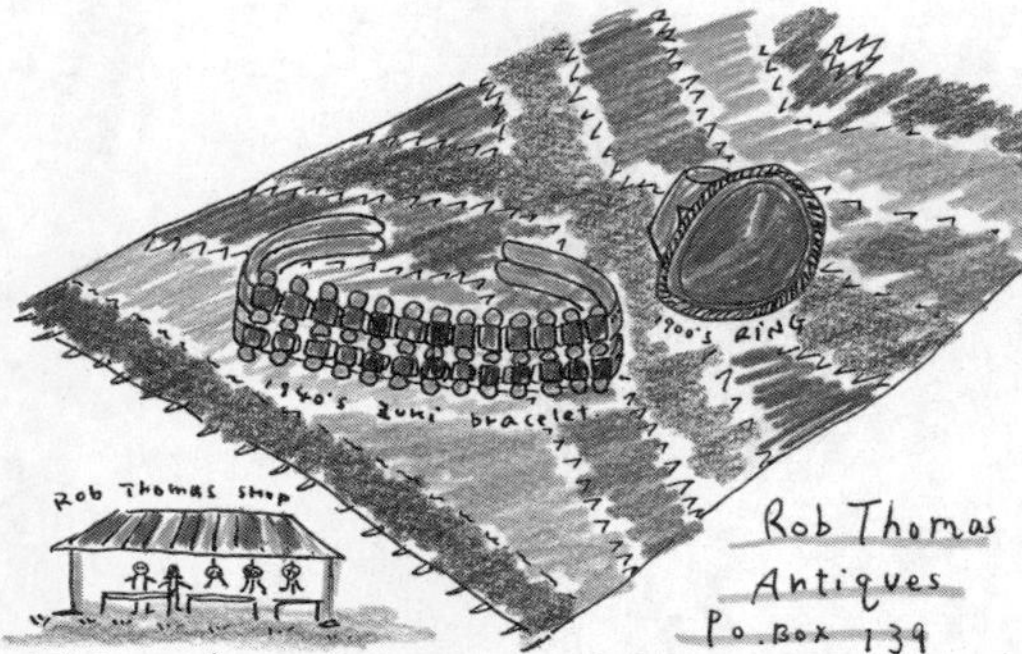

ジアム・ピースも揃っていた。店主のセンスなのか、どれもが希少性を醸し出したものばかりで目を見張った。

なにか珍しいものはありますかと聞くと、これは今、手に入ったばかりのものだと、小さなターコイズ石が並んだブレスレットを見せてくれた。四〇年代に作られたズニ族のヴィンテージだ。事情を聞くと、ほんの少し前にここに来た女性客から買い取ったらしい。主人が売ってくれと申し出ると一度は断られたが、後になってまたやってきて売ってくれたのだという。おそらく他の業者と値比べしたに違いない。

ブルーとグリーンのターコイズ石を細かく装飾するのはズニ族の特徴で、これはとにかく石がいいと言った。

恐る恐る、買っていいか、と聞くと、主人は少し考えてから、これはとてもいいものなんだ、と何度も繰り返し言いながら売ってくれた。そしてもし手放す時が来たら自分に売ってくれと、自分の名刺を差し出した。

ブック・ミルという水車小屋の古本屋が、マサチューセッツ州のノースハンプトンにあると友人から聞いたので出かけてみた。スターブリッジから車を二時間走らせ、アムハーストという町に着いた。ここはリベラル・アーツ・カレッジが集まるキャンパスタウンで、レズビアンやヴィーガンのキャピタルとしても有名な場所だ。

一八四二年の水車小屋を改造した古本屋ブック・ミルの下には、ソーミル川という渓流がさわさわと流れ、まずはその川のせせらぎが訪れる人を迎え入れる。日本で言うと、渓流沿いにある温泉宿が、古本屋であるという感じだろうか。どこまでも緑濃い景色の中で、建物全体がアルファ波に包まれた夢のような古本屋が、ブック・ミルだ。

古い木造三階建ての店は邸宅のような造りで、小部屋がいくつもあり、そこかしこにソファや椅子が置かれ、古本屋というより図書館のような居心地だ。そして特筆すべきは、

The Lady Killigrew というヴィーガン・カフェと、アンティーク屋、レストランが併設されていること。そのカフェは、近辺のコミュニティの機能を果たしていて、ライブやリーディングが頻繁に行われている。第二次世界大戦当時のレシピで作られた人気のチョコレート・マフィンをかじってみると、美味しさで口の奥がキュンとなった。

川のせせらぎを耳にしながら、本を読み、カフェでぼんやりしていたら、あっという間に日が暮れてしまった。レイモンド・マンゴーのエッセイと、シェーカー・ヴィレッジのガイドブックを買って、後ろ髪を引かれる思いで、世界で一番素敵な古本屋を後にした。いい景色だろ、としみじみと言ったレジの男性の言葉が忘れられない。

Naka Meguro

中目黒　東京　日本

自然や風景の特徴だけを用いて、今自分がいる「場所」を説明できるだろうか。先頃「センス・オブ・プレイス＝場所の感覚」というバイオリージョナリズム思想（生態地域主義）に触れたのをきっかけに、そう自問してみた。それを手繰りよせていくと自分が誰であるか、自分がどこにいるかを知る手立てとなるかもしれない。中目黒を改めて歩いたのはそんな理由からだった。

中目黒は昔、海だった。今から六千年も昔のことだ。当時は大橋あたりまで海が入り込み、あたりは東京湾の入り江だったという。「ここは海だったのか」。そんな想いに耽りながら、東山郵便局脇にある、昔ながらの定食屋「鳥ふじ」で昼食をとった。鯖味噌煮定食六〇〇円也。正午ともなれば狭い店はすぐに満席となり、「ご免ください」「いらっしゃい」と、誰もが見知らぬ客と相席となり、家庭的な料理に舌鼓を打つ。

さて、箸を置いて腹ごなしに散歩でもしようか。秋晴れの空を見上げながら山手通りを大橋の方へと歩いてみる。

目黒橋からの川沿いの遊歩道は心地良い風の道。目黒川もこのあたりでは、小さな段差が川のせせらぎをさわさわと奏でている。氷川橋を東山へと渡った丘の下に、東山貝塚公園はあった。縄文時代の人々が生活を営んだ集落貝塚や竪穴式住居跡が発掘された場所だ。クジラやイルカの骨が多数見つかっている。公園には実物大の竪穴式住居模型があり、中を見ると親子三人の暮らしが再現されていた。ベンチに腰を下ろし、うっそうと茂った木々を見渡すと、ここが住宅街の中にポツンと残されたほんの小さな自然だとわかる。しばらくすると、美しい羽を広げたセキレイがチチチと鳴いて、足下に滑るようにしてやってきた。「あげるものは何もないよ」と言うと、また小さく鳴いてどこかへ飛んでいった。日向に転がる無数の小石が白く見えた。まるで浜辺の貝のようだった。

「こむずかしい学術書か、エロ本売ってくんない?」目黒銀座をぶらぶらと探検。ふと暖簾をくぐった古本屋「杉野書店」の店主が人の顔を見るなりこう言った。「中間本はブックオフがあるから売れないんだ」。ふうん、小説などを中間本というのかと感心していると、「エロ本好きでしょ、男なら。高く買うから売って」。惚けた顔の店主はしつこく言った。店主の頭の上の棚から『バルトーク　晩年の悲劇』を抜き、値段を見て、「これください」と渡す。九〇〇円也。在庫の八割がエロ本の古本屋でも半年に一度訪れると、こんないい本に巡り合える。

中目黒駅の南側。再開発地域の先駆けとして建設された中目黒GTプラザの脇から、目黒銀座は始まる。昭和初期の中目黒は、恵比寿の隣町として、長閑さとにぎやかさを併せ持った小さな町だった。渋谷や恵比寿が近いせいで不良の巣窟としても名高く、日本最初のボクシングジムが目黒に出来たのち、すぐに中目黒にも大和拳闘クラブが生まれた。当時、不良少年の拠点は、その街々のボクシングジムだったという。

一番街の喜風堂の筍最中を頬張って、古道具屋や煎餅屋をひやかしながら歩いていると、中目黒落語会のビラが電柱に貼られていた。そういえば、畳を敷いてこしらえた風情ある寄席が商店街にあったことを思い出した。どれどれとビラを見てみると、今はもう無くなり、会場は中目黒GTプラザ内へと移っていた。

そういえば、目黒銀座がグラフィティアートの聖地と呼ばれていた頃、二番街のバーで行われたポエトリーリーディングで「中目黒商店街から見える五色の夕焼け」と読んだ女性がいた。偶然にもその帰り、パチンコ屋や居酒屋のネオンで猥雑な駅前で、ソフィア・コッポラの『ロスト・イン・トランスレーション』の撮影に出くわした。その日の夕焼けはたしか黄色かった。

「浅海牧場の牛乳は甘くて美味しかった」。目黒川沿いのベンチで足を休めていた老人はこう言ってぼくを驚かせた。牧場があったのは今の総合庁舎がある場所だそうだ。以前は千代田生命保険ビルが建ち、その前は蔦のからまるアメリカンスクールの校舎があった。広い高台の草原に牛の放される長閑な牧場があったのは、さらに前のことだ。「目黒川には水車小屋もあり、いくつも洗い場があった。その洗い場で牛を洗っている姿もよく見たもんだ。浅海牧場の牛乳は町の住民へ配達もしていたんだよ」。老人は遠くを見つめてつぶやいた。

中目黒駅から山手通りを渡ると、東南に流れる目黒川がある。かつてこの川の両岸には水田が広がっていた。今となってはその面影はないが、清流を利用した友禅流しも昭和三十年代まで行われていたらしい。

中目黒の象徴でもある目黒川の魅力は、ミュージシャンのベン・ハーパーが来日時、「ここには空がある」と言っていたように、気持ちよく抜けた大空が木々の間から広がっていることだ。

今この目黒川沿いのエリアはクリエイターが暮らすカルチャーヴィレッジとも呼ばれている。渋谷にも近く、高級住宅地の代官山の膝元というわりには家賃が安いということで、若いクリエイターが移り住んできたのが始まりだ。やがて彼らは新しく自由な発想でカフェやショップ、アトリエを作り、小さなコミュニティを生んでいった。お金の匂いがしない、中目黒独特のすこやかな空気感は一個人それぞれの日々の活動によって育まれている。

四月になり、川沿いの桜並木が一斉に開花する景観には、神秘の世界に迷い込んだかのような錯覚さえ覚えてしまう。桜の花びらで真っ白に埋まった川面は、まるで天の川のようだ。

目黒川沿いの話をもう少し。今から十年前、駅から数えて六つ目の橋、緑橋の少し先、人の気のまったくない場所にアー・ペー・セー・サープラスがオープンした。当時の目黒川沿いと言えば、駅近くに、アンティークキャラクター専門店スーパーフリークスや古着屋がぽつんとあっただけで、大橋方面に行けば行くほど辺鄙でしかなかった。人の流れも中目黒から槍ヶ先交差点へと続く道一本しかなかった頃だ。

アー・ペー・セーは特異なブランドだ。スタート時から、ファッション業界特有の物質主義に反旗を翻し、新しい価値観、そしてモードの新しい存在を追求するリベラルな思想を持ったフランスのブランドだ。ロゴの「A.P.C.」が「工房」「生産」「創造」の頭文字であることに、その質実な精神が表れている。そんな「アー・ペー・セー・サープラス」のオープンは中目黒を大きく変える歴史的な出来事だった。そしてまた、多くのファッションブランドが内装や装飾にこぞってお金をかけていた時代に、ほとんど居抜きのままの内装で、店名は入り口のガラスにペンキで書かれただけという簡素な佇まいが、多くの人を驚かせ、魅了した。その後まもなく川を挟んだ斜向かいに靴とメンズファッションのジェネラルリサーチがオープンした。そうして中目黒は通好みのエリアとなった。

その四年後、もう一度大きな変化をもたらしたのが、オーガニックカフェの存在だ。ヴィンテージ家具屋が前身だったこのカフェは、日本中にカフェブームを生むきっかけとなった。やがて中目黒は東京のおしゃれな街へとカテゴライズされ、多くのメディアに「中目系」という言葉で取り上げられていくことになる。とはいえ中目黒がマイペースでローカルなのは変わらない。自立した者同士が互いを尊重しながら、仕事し、暮らしている東京のヴィレッジだ。川の反対側から手を振って挨拶しあう光景もここでは珍しくもない。歩けば歩くほど出会いが生まれるのも中目黒だ。

中目黒に湧き水がある。そんな噂を耳にして散策に出かけた。湧き水の場所は中目黒八幡神社だという。駅から目黒銀座を抜けて、小道をあちこちと曲がりながら駒沢通りへ出る。信号を渡って、中目黒小学校の裏へ向かうと中目黒八幡神社はあった。歩いてわかったのは、中目黒の地形はそのほとんどが高台と谷から成り立っていて、坂の多い町を形づくっているということだ。道に迷うと上がったり下がったりで息が切れる。中目黒八幡神社へもたやすくたどり着いたわけではなかった。

中目黒八幡神社の境内は、大きな古木がうっそうと茂り、静寂に包まれていた。旧中目黒村の鎮守。創建年代は不明。江戸幕府が源氏の守護神八幡信仰によって農民との融和団結を深めようと造営した神社だ。今でも秋になると奏でる演目十二座の神楽が有名だ。

湧き水は参道階段の脇にあった。岩を積んでこしらえた小さな水場だ。側には「神泉」と彫られた石碑がある。柏手をひとつ打ってから、さらさらと湧き出る水をひしゃくで汲んだ。水はほんのり甘い味わいだった。宮司さんに聞くと、地下二五メートルの揚水だという。知る人ぞ知る名水らしく、遠方から汲みに訪れる人もいるらしい。沸かしてお茶を淹れるとなお良いが、そのまま飲んでも安心な水だ。

歴史的スポットの多い中目黒。中目黒八幡神社を後にして、駒沢通りを代官山方面へと寄り道してみる。槍ヶ先交差点を左へ曲がり、古着屋DEPTの脇道を入っていくと目黒元富士跡がある。目黒元富士とは、江戸時代の民間信仰「富士講」の人々によって造られた高さ一二メートル程の小さな富士山だ。信者はこの富士塚を拝み、またその山頂から本物の富士山を眺めたという。この富士塚には登り道が九つあり、本物の富士山のように一合目から九合目を意味するものとして造られたという。中目黒再発見、興味の尽きない一日だった。

雲ひとつ無い晴れた午後、カウブックスの前のベンチに座り、目黒川のせせらぎに耳を傾けながら木漏れ日にあたっていると、冬であろうとぽかぽかと身体があたたまってくる。気持ちもゆるんでくる。するとなにもしたくなくなり、このまま一日が平和に終わってくれればと思うばかりだ。川面に目をやると親子の鴨がバシャバシャと羽を洗っては水遊びにくれている。店の前にいると、知り合いや友人が幾人も通り過ぎるから、やあやあと挨拶を投げる。のんびりするのに飽きて、数メートル先の和菓子とお茶の東屋を覗きにいく。季節柄色とりどりの練り物が並んでいて目が洗われる。再びふらふらと川沿いを歩いて、画材屋の雅光堂で色鉛筆を物色する。木漏れ日に酔っぱらう。そんな不思議な感覚になって、ぼくは菅刈公園へと向かった。

青葉台二丁目のこのあたりは古くから屋敷が立ち並ぶ場所で、江戸時代には滝や池のある大名庭園があった。明治になり西郷隆盛の弟、西郷従道がこの土地を買い入れ、自分の別邸として洋館や和館、庭園を造った。庭園については「東都一の名園」と言われる程美しかったという。それが今は菅刈公園として開放されている。残された和館には、西郷家ゆかりの書画などが展示され、茶室も貸し出されているので、いつかぜひ利用してみたいと思っている。公園の中央に広がる芝生には、目黒区一大きなイチョウの木がまっすぐに立ち、春には梅の花や沈丁花などが景色を彩る。中目黒駅から幾分離れた住宅地のせいか、いつも人は少なく、やさしい景観のおかげで、一日中、草の上に座っていても飽きることはない隠れたスポットだ。

いつの間にか日はとっぷりと暮れて公園はしんと静まった。公園からの帰り道、沖縄料理の店パシフィック１５７はハワイアンミュージックのライブでにぎわっていた。福砂屋で長崎カステラをおみやげに買って帰った。

GURO

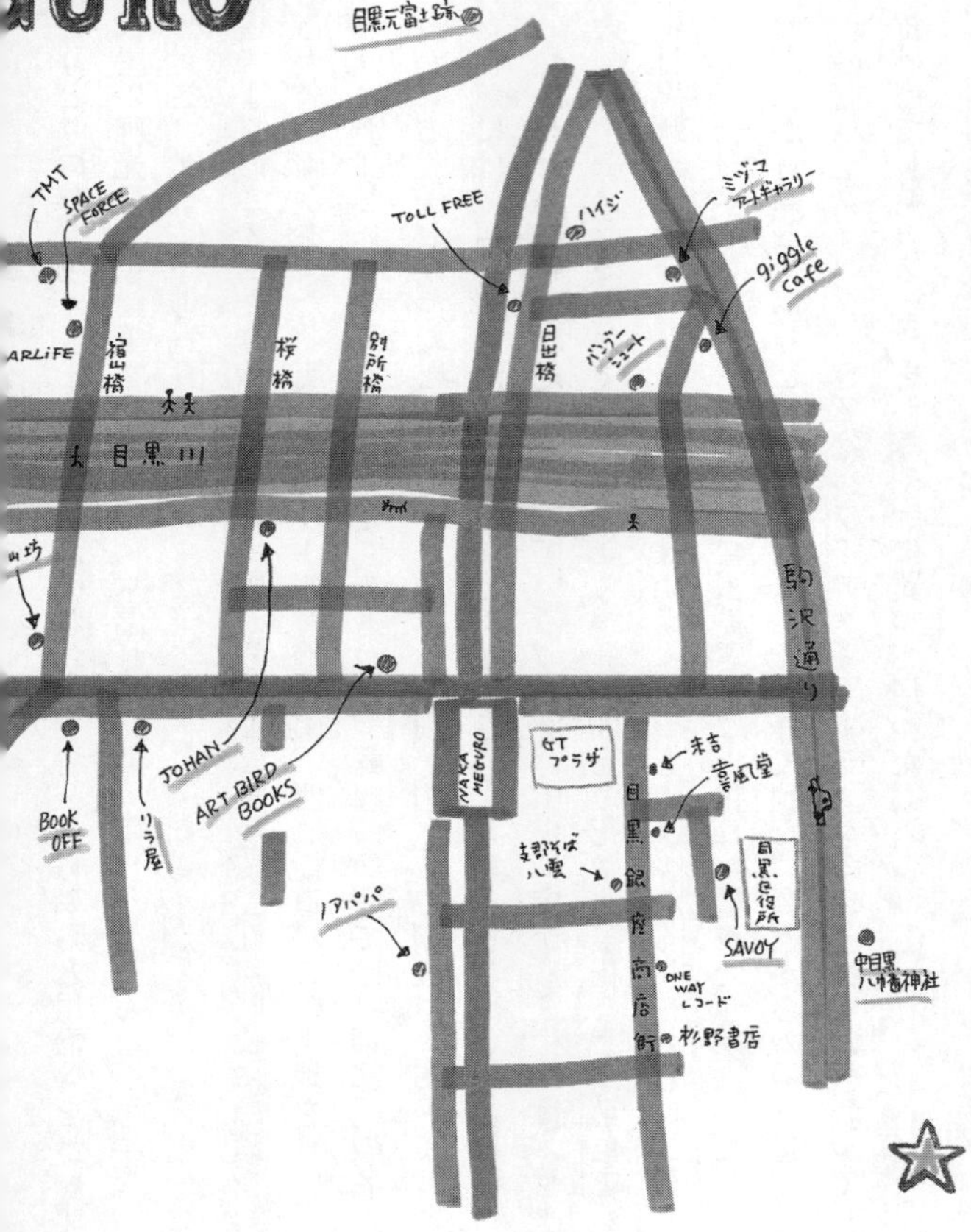

目黒元富士跡
TMT
SPACE FORCE
ARLIFE
TOLL FREE
ハイジ
ミヅマアートギャラリー
giggle cafe
宿山橋
桜橋
別所橋
日出橋
バングラジュート
目黒川
駒沢通り
JOHAN
ART BIRD BOOKS
BOOK OFF
リラ屋
NAKA MEGURO
GT プラザ
未吉
音風堂
支那そば 八雲
目黒銀座商店街
目黒区役所
SAVOY
ノアパパ
ONE WAY レコード
杉野書店
中目黒八幡神社

THIS IS NAKA ME

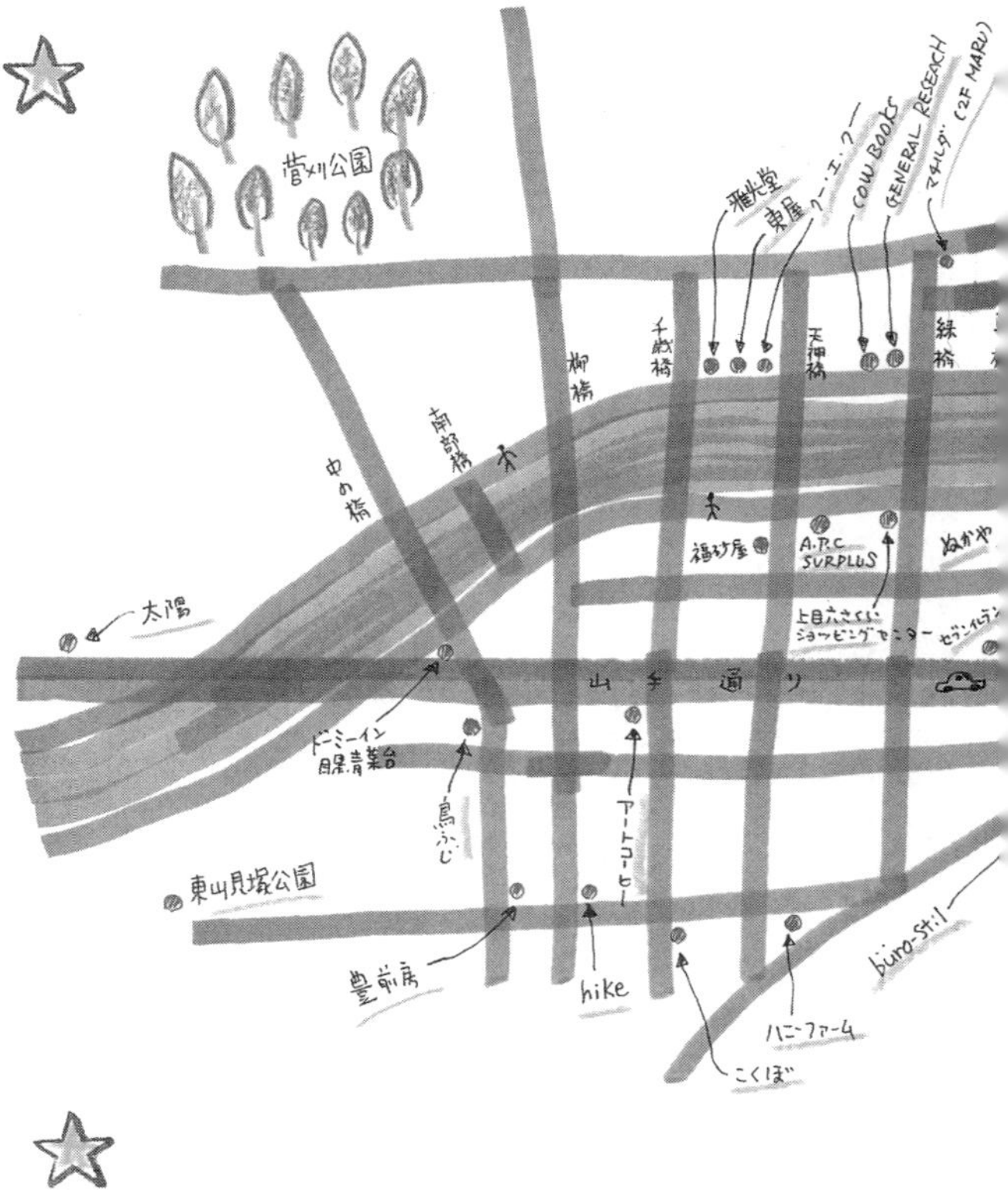

Vancouver

バンクーバー　ブリティッシュコロンビア　カナダ

飛行機はグライダーのようにふわりと浮いて、右へと大きく旋回をした。眼下にはバンクーバー島の西海岸ユクルーレットの白浜が遠くまで伸びている。そこへ寄せる波を見入っていると飛行機は平衡を取り戻し、ゆっくりと着陸態勢に入った。

街までの道順をレンタカー会社のカウンターの女性に聞いた。グランヴィル通りを北上すれば、二十分でダウンタウンだと言う。車の窓を全開にして空港出口へと走らせた。ラジオをCBCに合わせるとアーヴォ・ペルトの演奏が流れた。

冬だというのにバンクーバーの空気はあたたかくてやわらかだった。広い空とゆるい風。そんな景色の中を走っていたら、旅の緊張が解けたのかお腹が空いてきた。旅の始まりの合図である。ホテルのチェックイン前にどこかに寄り道していこう。ウインカーを出して、ウエスト・ブロードウェイの交差点を右折し、早速おいしいもん探し。

目の前を走るバスがメイン・ストリートへと右折したので一緒に曲がってみる。バスは乗客で混み混みだ。きっとにぎやかなあたりへ向かうに違いない。ついて行けば何かおいしいもんが見つかるだろうと、旅の浅知恵が働いた。

バスを追跡してたどり着いたメイン・ストリートは大当たりだった。通り沿いに小さなカフェや骨董屋、古着屋、食堂が点々と並んでいた。車から降りると花のいい香りがした。立ち止まって見わたすと、あるカフェの軒先の陽あたりのよい場所に、紫色のヒヤシンスがしあわせそうに植えられていた。ほうら、バンクーバーにもあるじゃん。自分好みの街を見つけて嬉しくなった。このエリアにはバンクーバーの新しいコミュニティが生まれようとしている、否、生まれているんだと直感できた。やっぱり寄り道はしてみるもんだね、と呟いた。

メイン・ストリートをダウンタウン方面から歩いて、最初に見つけたカフェがファウンデーションだ。サンフランシスコのミッションにオー・ソー・リトルという若いアーティストでにぎわったカフェがあった。ファウンデーションに入って最初に思い出したのが、そのオー・ソー・リトルだった。

看板に「animals are not for eating」とあるから、ここはヴィーガン・カフェだ。壁にはラディカルなメッセージが書き連ねてある。西日に包まれた窓際のテーブルに着き、お米と豆類が山盛りになったCOMME SALADAを頼んだ。たった四ドル五〇セントだが、ひとりで食べきれないほどの量があった。早速いい感じ。見渡すとスケートボードを持った若者や、ピアッシングだらけの女の子などが心地良さそうにチルアウトしている。ウエイトレスは壁に掛けられた大きなレターヘッドをビリリと一枚破り、今晩のおすすめメニューを書いている。どれもが美味しそうだ。一日ここにいれば、メイン・ストリートの魅力が手に取ってわかるだろうな。毎日でも通いたいカフェをバンクーバーで見つけてしまった。ちなみにメイン・ストリートと言っても、いわゆる目抜き通りという意味はまったくなさそうだ。何がメインなのかはこれからのお楽しみ。

バンクーバーには ambleside というエリアがある。amble は、ゆっくり歩こうという意味だから、ambleside は、散歩に適した自然豊かな公園や、遊歩道のある場所を指す言葉なのだろう。でも街のそぞろ歩きが好きな人種にとっては、ここメイン・ストリートの方がよっぽど ambleside だ。

今回はバンクーバーの ambleside を探す旅になりそうだ。

バンクーバー一美味しい、と聞いたベーグル屋は、やっぱりメイン・ストリートにあった。その名はソリーズ。探して歩くと、細い路地からベーグルの焼けるいい匂いがしてきた。ここかなとのぞくとベーグル目当ての行列がずらりと並んでいた。

どこも長閑なのに、ここだけはわいわいがやがやと大にぎわい。二ドルのプレーンベーグルを買って頬張った。コシがあってほんのり甘くて美味しい。毎週水曜日はサービスデーでもっと混むのよ、と行列の前に並んだおばさんが言った。

こんなふうにメイン・ストリートには路地にも小さな食堂や雑貨屋があるから、あっちこっち行ったり戻ったりと忙しい。ふらりと入ったエコーという古着屋で、シルバー製のピースマークペンダントを九ドルで買い、マイ・オレンジ・バッグというアンティーク屋では、おばあちゃんが掛けてたような眼鏡フレームを一八ドルで買った。眼鏡は気に入ったので旅中かけていた。

「ここは昔、家具屋通りだったんだよね。でも最近、若いアーティストたちが好んで暮らすようになって、バンクーバーのサブカルチャーエリアになったんだ」。メイン・ストリートの地元カフェ、ザ・グリンドで知り合ったインド人青年はこう言った。いやはや、東京の中目黒やサンフランシスコのミッション、ニューヨークのウィリアムズバーグとまったく同じ現象だ。

バンクーバーは自転車乗りの多い街だ。自転車専用道路もある。とにかく老若男女みんな自転車である。楽しみにしていたウエスト・ブロードウェイのアウトドアショップ街を歩くと、どの店先にも自転車置き場が完備されていた。マウンテン・

イクイップメントCo-op、本格老舗のアルタス・マウンテンギア、マニアに人気のバルハラ・ピュアなどの、バイクグッズ売り場の充実ぶりには目を見張るものがある。ヨーロッパ・バウンドというアウトドアショップに併設されたブロードウェイズ・カフェというカフェ。ここは世界中からやってきたバックパッカーのたまり場だった。店に入ると「よう!」と客から声がかかる。旅人の駆け込み寺のようだ。どこでもみんな気さくなのがバンクーバー。

どこの国のどこの街でも、必ず探すのがオーガニック・スーパーマーケットだ。カフェ同様、目的が無くてもなぜか毎日行きたい場所のひとつ。メイン・ストリート沿いにクロマ・ブックスという小さな古本屋があり、そこでリトルプレスを二冊ほど買った。この店の男の子が、爽やかすぎるほど爽やかで笑顔も美しかった。こういうタイプは、必ずや好みのスーパーマーケットを知っている。バンクーバーにオーガニック・スーパーマーケットがあるかいと訊くと、すぐにケイパーズを教えてくれた。ケイパーズはバンクーバーに三軒あるが、ロブソン・ストリート店が一番だと言った。

正式名Capers Community Marketは、バンクーバーのオーガニック・リーダー的存在の店だ。取り扱う生鮮食品の八〇パーセント以上がオーガニック。一〇〇パーセントオーガニックのジャムなど自社ブランド製品をはじめ、豆類、穀類、紅茶、パンなど、保存料や添加物を極力使用していない食材が並んでいる。

アロマグッズのコーナーで、青い髪の女の子が小さなテーブルで何かを売っていた。見ると、手縫いしたガーゼの布袋にラベンダーやカモミールを詰めたものだった。どうやって使うのかと訊くと、このままお風呂に入れるらしい。一回分の小さな袋ひとつ五ドル。手縫いのぬくもりに魅かれて五袋も買ってしまった。すぐ隣のコーナーではテラ・ブレッドというパン屋が、焼き立てのパンを使ってサンドイッチを作っていた。見るからに旨そうなので四ドルのヴィーガン・サンドをふたつ買った。明日の朝食。向こうを見ると、手作りキャンドルの実演をしている。買い物カゴは重くなるばかり。

ふと日帰り旅行を思い立ち、フォートラングレーというスモールタウンを車で目指した。フォートラングレーはブリティッシュコロンビア州発祥の地であり、史跡として町自体が保護されたスモールタウンだ。ダウンタウンから車で二時間。距離もちょうどよいと思った。

ハイウェイを降り、長閑な街道を地図を見ながら走った。メイプルの葉でトンネルになった並木道をくぐると道幅は広くなり「フォートラングレーへようこそ」というサインが現れた。寂れたジェネラルストアのパーキングに車を停め、背伸びして深呼吸をすると、空気の美味しさはとびきりだった。レストランやおみやげ屋が並ぶグローバー・ロードを歩いてみる。この通りでにぎわっているのはウェンデルス・ブックスという本屋とカフェが合体した店だけだった。アンティーク屋もどきが数軒あり、喜び勇んで入ってみたがガラクタばかりで肩を落とした。

目を見張ったのが、通りの真ん中にそびえ立つメイプルの巨木だ。高さは三〇メートルはあった。二、三組の観光客と一緒になって樹に触ったり見上げたりしてみた。記念碑を読むと、この樹はビッグリーフ・メイプルという珍しい品種で、この街を象徴する歴史的な樹らしい。何よりも驚いたのは葉の大きさだ。大人の手の二倍はある。おみやげにと数枚拾い集めると、数人いた見物客も拾い始めて可笑しかった。

帰り道は、コギャル風の女の子数人が乗るカマロに後ろから猛スピードであおられ続けたおかげで一時間弱で帰ってこられた。ダウンタウンに戻って、夕食を買おうとふらりと入ったデリでサーモン・チャウダーを頼んだ。これがクリーミーでたまらなく旨かった。旅先で出かけるもうひとつの旅。その記憶はおぼろげな夢のようだ。

イングリッシュ湾の南岸にあるキツラノという街を歩いた。六〇年代、ここはヒッピーが集まったエリアだった。しかし今やその面影はなく、観光客相手の店が軒を連ねるショッピングタウンに変貌していた。4thアヴェニューを西へ西へと歩き、街の喧騒から離れてみた。すると散策が次第に楽しくなってきた。お店はなく、高い建物もなく、建ち並ぶ小住宅の一軒いっけんを見ながら歩くだけだ。この風景はバークレーのシャタック・アヴェニューに似ている。通りからちょっと小道に入ってみると、絵本に出てくるようなキュートな家を次々と発見。

そんな家々の間にカウンターだけの小さなカフェがあった。まるでスヌーピーに出てくるルーシーのレモネード屋だ。エスプレッソを買って飲むと、なめらかなクリームを口にふくんだような味わいだった。おいしいと店の人に言葉をかけると、ここは水が違うからねと言った。バンクーバーは生水が飲めるのと訊くと、もちろん!!

なるほど、バンクーバーにカフェが多いのは水のせいなのだろうか。水が美味しい街というのはそれだけで浮き浮きしてくる。

ずいぶん歩いたせいか小腹が減ってきた。何か美味しいもんはないかなと、4thアヴェニューをもっと西へと歩く。すると、パイがずらりとショーウインドウに並べられた店に出くわした。店の名はアフロディテーズ。ようし入ってみよう。中は家族連れやカップルで大にぎわいだ。ここのブラックベリーアップルパイは口の奥がきゅんとなるほど絶品だった。

キツラノは、4thアヴェニューを西へ西へと行った先がオススメである、と地図にそう書き記した。

ダウンタウンの南西部、ジョージア海峡に臨む高台にあるUBC人類学博物館で北西海岸の古代文化を堪能し、その裏にある先住民住居とトーテムポールが立つ敷地の草むらで真っ青な空を仰いで休んだ。目前の森の中から波の音が聞こえてきた。

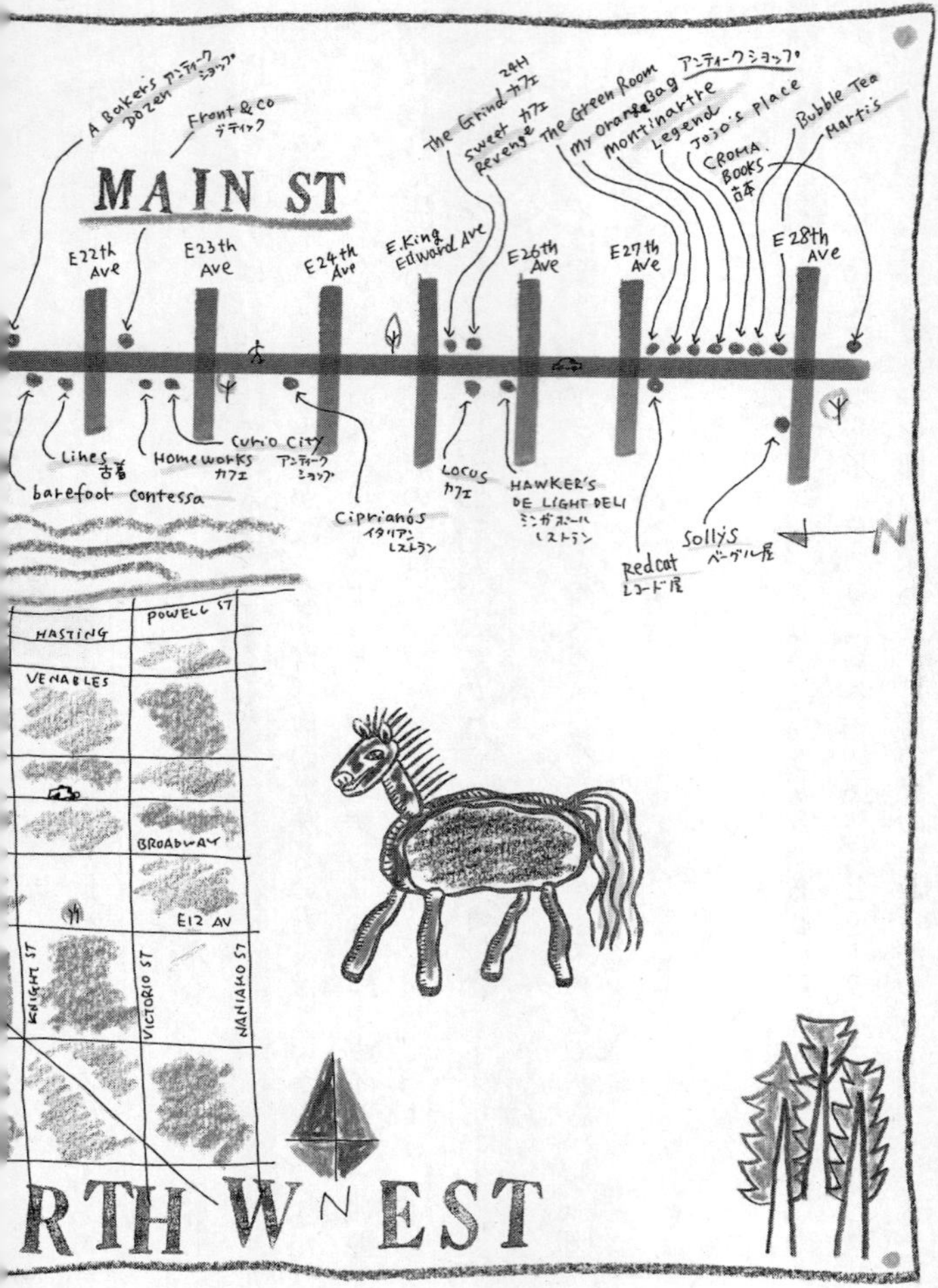
MAIN ST
A Baker's Dozen アンティークショップ
Front & Co ブティック
The Grind 24H カフェ
Sweet Revenge カフェ
The Green Room
My Orange Bag アンティークショップ
Montmartre
Legend
Jojo's Place
CROMA BOOKS 古本
Bubble Tea
Marti's
E22th Ave
E23th Ave
E24th Ave
E.King Edward Ave
E26th Ave
E27th Ave
E28th Ave
Lines 古着
Homeworks カフェ
Curio City アンティークショップ
barefoot contessa
Ciprianós イタリアン レストラン
Locus カフェ
HAWKER'S DE LIGHT DELI シンガポール レストラン
Redcat レコード屋
Sollys ベーグル屋
N
POWELL ST
HASTING
VENABLES
BROADWAY
E12 AV
KNIGHT ST
VICTORIO ST
NANIAMO ST
RTH W N EST

VANCOUVER
The Budapest
Echo
古着
E16th AVe
E17th AVe
C'est la
The Star
Artist.
STANLEY PARK RD
LIONS GATE BRIDGE
PIPE LINE RD
STANLEY PARK
GEORGIA ST
ROBSON ST
NELSON ST
DAVIE
DOWN TOWN
PACIFIC BLVD
BURRARD
HOWE
GRANVILLE
SEYMORE
HOMER
Gastown
WATER
Yale town
china Town
BURRARD BRIDGE
GRANVILLE BRIDGE
CAMBIE BRIDGE
Jericho Beach
POINT GRAY RD
Kitsulano Beach
ARBUTUS
MAPLE
CYPRESS
BURRARD
W 4th AV
Kitsulano
W 6th AV
W 1 AVE
W 2 AVE
E 1 AVE
W 5 AVE
BROADWAY
OUTDOOR SHOP
W 12 AV
MACDONALD ST
ARBUTUS ST
GRANVILLE ST
OAK ST
CAMBIE ST
ONTARIO ST
MAIN ST
FRASER ST
W 33 AV
W 39 AV
THE PACIFIC NO

この先に海があるのだろうか。森の中を探検してみた。

森に入ると小道が見つかった。小道は階段になって、山の絶壁を下っていく。およそ十分ほど降りただろうか。よいしょと地面に足を踏み入れると、突然視界が広がり、真っ白な浜辺に到着した。人はひとりもいなかった。浜辺には大きな流木が幾本も転がっている。波打ち際には流木で作られた十字架が空に向かって立っていた。

こんなところにこんなにきれいな浜辺があるなんて大発見。ひと抱えもありそうな流木に座って海を眺めていると、トレッキング姿の若者がやってきた。小さく手を挙げて挨拶をすると隣に腰を下ろした。この浜辺のことを聞いてみると、ここはレックビーチだと言い、バンクーバーでも手つかずの自然が残された貴重な浜辺だと教えてくれた。そしてここは、唯一バンクーバーで認められているヌーディスト・ビーチであり、夏になると世界中のヌーディストが集まるスポットだと言った。

ここはどうやって地図に書いたらいいかなと、スケッチブックを開くと、若者は山のてっぺんにMUSEUMと書いて、道をくねくねとへびのように下に走らせ、その下にWRECK BEACHとだけ書いた。夏に来たことある?と訊くと、若者は笑って首を振った。ここで見た夕焼けはバンクーバーで一番きれいだった。今度は必ず誰かを連れてこよう。

Los Angeles

ロサンゼルス　カリフォルニア　USA

月曜日 MONDAY

空港出口のドアから外に出ると、あたたかな気温と陽射しのまぶしさでからだの力がゆるりと抜けていく。

東京は雪がちらつく真冬の日だった。空港内のレンタカー乗り場に向かう途中、横断歩道の手前でセーターを脱ぎ、手に持ったダウンジャケットと一緒にダッフルバッグに放り込む。まくり上げたシャツの袖からのぞいた真っ白な腕に、木漏れ陽がきらきらと当たっている。

ふうーっと息をひとつ吐くと気持ちは幾分楽になった。旅に出かけるまでのせわしい日々と苦手な飛行機のせいでからだも心も力が入りっぱなしだった。

歩道に置き去りにされたカートの「ロサンゼルスへ、ようこそ!」という文字をぼんやり見ていると、黒人の空港職員が音楽を鳴らしながらやってきた。その音楽がどこから鳴っているのかぼくにはわからなかった。不思議に思ってよく見てみると、音楽は首からぶら下げた携帯電話から鳴っている。

目が合うと彼は「ハイ」と言って微笑んだ。ぼくも「ハイ」と挨拶し、「それいいね」と言うように携帯電話を指さした。彼は「まあね」というように肩をすくめた。信号が青になる。ぼくが行こうとすると彼は「いい一日を」と言って、音楽に合わせて口ずさみながらたくさんのカートを押していった。後ろ姿がうきうきとしている。ぼくは「ありがとう、君もね」とつぶやいた。

ロサンゼルス国際空港からウエストハリウッドとビバリーヒルズの間にあるビバリー・ローレルというモーテルへと車で向かう。

空港を出てすぐに朝の通勤渋滞にはまった。この調子だとモーテルにいつ到着できるかわからない。仕方なくぼくは立ち並ぶパームツリーを眺めていたが、すぐにそれにも飽きてしまう。さまよう視線はのろのろと進む前後左右、そのまた左右の車へと向けられる。

ＯＬ風の若い女性が、バックミラーを使ってアイラインを素早く上手に描いている。朝食のサンドイッチをゆっくりと食べているのは、ピックアップを運転するドジャースの帽子を被った中年男だ。細君の手作りなのか、通りすがりのデリで買ったものなのか。満足げな顔がその答えを物語っている。男はじっと前を見据えたまま、口の中のサンドイッチをポットに入ったコーヒーで流し込んで、アクセルを踏んでいった。

後ろの車のネクタイ姿の男性は、分厚いペーパーバックを片手に持って読書だ。何を読んでいるのか気になって目をこらしてみたがタイトルは見えない。バックシートで幼い子どもがでんぐり返しをしている。幼稚園にでも送ってからの出勤なのだろう。

さらに見回すと、助手席に置いたノートパソコンをいじっている人がいれば、ハンドルに便せんを載せて手紙を書いている人もいる。一番多いのは携帯電話で誰かと話している人だ。見られていることに気づく人もいるし、小さく手を振り返してくれたり、ヨオ！というふうに目配せする人もいる。キッとにらみつける人もいるし、完全に無視する人もいる。こういう時の人間観察は面白い。みんなそれぞれこの渋滞を見越していて、その時間の有効な過ごし方を身につけている。

運転しながらドーナツを食べている若い女性が横に並んだ。ぼく好みの細い眼鏡をかけている。片膝を立てたスカートから白い太ももが露になって見える。退屈しのぎに彼女のプロフィールを想像してみる。これから会社に出勤するのか、ぼくと同じような旅行者なのか、それとも誰かを空港に送ってきたのだろうか。しばらく横に並んでいるのをいいことに、ぼくは彼女とのロマンスまで空想を膨らませる。

車はのろのろとしか動かない。遥か先まで立ち並ぶパームツリー。真っ青な空。

モーテルにたどり着いたのはお昼すぎ。車を裏のパーキングに停めてフロントに向かうと、チェックインまでなんとあと二時間もあるという。

まあ、いいか。急ぐ旅でもないし。モーテルの一階にある二十四時間営業のダイナーでしばらく時間をつぶすことにする。

薄暗いダイナーの壁にはウォーホールの牛の絵がピンクと黄色でコラージュされ、けたたましいロックが鳴り響き、店員や客がリズムに合わせてからだを揺らしている。平日の昼間だというのに多くの客でにぎわっていて、そこらじゅうのテーブルに空になったビール瓶が並んでいる。遊び人にも見えないこの元気な大人たちは、いったいどんな仕事をしているのか。それが不思議でならなかった。

窓に面したベンチシートに座ると、街路に植えられたパームツリーの太い根元が正面に見える。まるで巨大な象の足のようだ。どこを眺めてもパームツリーだらけ。道によって植えられている種類も違う。背が高いのや低いのや、細いのや太いのやとさまざまだ。いったい何種類のパームツリーがあって、それはどこから持って来られたものなのか。一度調べてみたら面白いだろう。ぼくはノートを開いて、大げさに葉が茂った絵を描いて「ロスのパームツリー」と書き記す。

背中に「1」と背番号の入ったTシャツを着て、ミニスカートを穿いた黒い髪の女性が注文を取りにきた。ここではチアガールスタイルがユニフォームらしい。コーヒーとシーザーサラダ、フレンチフライを頼む。忙しさが表情に表れていたが、テーブルを離れる時だけは作り笑顔を見せた。

期待もせずに口にしたロメイン・レタスが思いのほか新鮮で驚く。パルメジャーノ・レジャーノチーズも風味が深くて美味しい。「アメリカで作られた最も偉大なレシピ」と言われるシーザーサラダはぼくの好物だ。このひと皿のおかげで胸のうちがやわらいでいく。

ベンチシートの奥に腰をずらしてひと息つく。文庫本でも読んでチェックインまでの時間を過ごそうか。いや、でもここでの読書は無理だ。BGMのロックもそうだけれど、コーヒーポットを持ち歩く女性が「おかわりはいかが？」とやたらと聞いて廻るので気が散って仕方がない。ただでさえ大きなマグカップなのに、そんなに何杯もコーヒーを飲めるわけがない。目が合うたびに「けっこうです」と声を出さずに口を動かすと、彼女は眉毛をハの字にして不思議そうな顔をする。

窓から見える、おもちゃのようなパームツリー。ぼくはそれをノートにいくつもスケッチして時間を過ごす。それからも彼女は何度も「おかわりはいかが？」と微笑みかけてきた。

チェックインを済ませ、部屋に荷物を運んで熱いシャワーを浴びる。バスルームに切り取られた小さな窓から外を見上げると空はまだ無性に明るい。この街を歩きはじめる前にちょっとそこいらをひと回りふた回りして自分の居場所と土地勘を得ておこう。濡れた髪のまま荷解きも後まわしにして車を出す。フェアファクスを南へ向かい、ヴェニス・ブルバードを右折、さらに西へと気が向くままに走っていく。うろうろしていると気になる本屋を発見した。アボット・キニーとウェストミンスター・アヴェニューの角にあるイクエーター・ブックスというヴィンテージ古書店だ。セレクションは、モダンファーストと呼ばれる現代文学の初版本、六〇年代から七〇年代にかけて出版されたカウンターカルチャー本、ビート文学、絶版写真集、またはインディペンデントな出版物や同人誌など幅広く揃えている。だだっ広い店の中央がギャラリースペースになっていて、独自の視点でフォーカスした新人作家のアートが並べられている。都会とは言えないロサンゼルスのヴェニスでこんなハイセンスな古書店がやっていけるのかと首をかしげたが、ぼくにとっては時間を忘れてしまう楽園だ。

ガラスケースに入ったジム・キャロルの『バスケットボール・ダイアリーズ』（一九七八年）と、オルダス・ハックスリーの『すばらしい新世界』（一九三二年）の初版本に惹かれて、店のスタッフに声をかけると気軽に見せてくれた。どちらもニューヨークで探したが見つけられなかったものだ。コンディションは申し分ない。値段を聞くと、前者は七五〇ドル、後者は三五〇〇ドル。相応の値段だ。『すばらしい新世界』は、黒地にグレイでアールデコ調に地球が描かれたダストカヴァーがとても美しい。

「こんなにきれいな状態のものは滅多に見つかりませんよ」。

バミューダパンツにタンクトップ、足下はサンダル姿のスタッフが丁寧に言う。

「すばらしい本ですね」と返事をすると、スタッフはその本を胸に当ててうっとりとうなずいた。

「見せてくれてありがとう」。

そう言ってぼくは店を後にする。本というのは探している時が一番わくわくして楽しくて、いざ見つかってしまうと嬉しさ半分、悲しさ半分の心境になってしまう。どこの街のどんな店にあったのかを知る喜びと、探す楽しさがひとつ失われたという悲しさだ。探している本とはすなわち、いつまでも見つかって欲しくない本のことなのだ。

西の空を見ると、一面の雲が黄金色に染まっている。夕陽がまぶしい。モーテルへゆっくりと車を走らせる。光の加減で街の景色が変わり、帰り道を迷ったが、走っていればいつか着くだろうと思った。

長い一日の終わり、車のウインドウから出した腕に春の乾いた風がなびいてゆく。

火曜日 TUESDAY

不思議なことに旅先では朝食のことを考えるのがいちばんの幸せだ。今日の朝食はローズ・アヴェニューにあるローズ・カフェに行くことにしよう。

この店の売りは種類豊富なサラダとサンドイッチ。古いガス会社のビルをリノベートした建物も天井が高く開放的で、草花が咲きほこる中庭は隠れ家風になっている。

今朝は「ハウスメイド・グラノーラ」のソイミルクかけを選んだ。席に着いてひと口食べて驚いた。グラノーラが最高に美味しい。ドライフルーツとアーモンドのバランスが絶妙で、はちみつとピーナッツバターがたっぷりしみ込んだオーツの甘さもとびきりだ。思わず目をつむって首を振ってしまう。

一気に食べてしまうのが勿体なくて、大粒小粒の混ざったオーツをスプーンでひとさじひとさじゆっくりと味わう。これから注文をしようと並んでいる人たちに「ここのグラノーラは世界一だよ」とふれて回りたいくらいだ。大げさなことはわかっているけれど、これは美味しいよねと誰かとうなずき合いながら、この幸せな気持ちを分かち合いたい。ガラスに映った自分にさえ、ぼくは声をかけたくなった。

ローズ・カフェで働くスタッフの多くはラティーノだ。セルフサービスのこの店では、自分でカウンターの中のスタッフに注文をするのだが、ぼくのような英語の拙い外国人の言葉さえ、にこやかに耳を近づけて聞こうとする優しさが彼らにはある。ロサンゼルスというと片やセレブとか、冷たい白人社会という印象もあるけれど、彼らラティーノの優しい人柄こそがこの街を支えているのだとぼくは思う。彼らのこぼれるような笑顔と親しみに溢れた言葉に触れるだけで、一日の活力が湧いてくるし、自分も他人に優しくなれそうだ。うん、ここは好い店だ。比べる店さえ思いつかない。美味しい朝食に出会うとそれだけで一日がときめいてしまう。

大事なのは人だと思う。人が生みだす風景だ。

水曜日　WEDNESDAY

七〇年代の初め、斬新なスケートボードのスタイルを生みだしたZ－BOYSと呼ばれる若者たちがいた。彼らの活動の拠点はアボット・キニー界隈だった。その時こそようやくこの街が長い眠りから目覚めた瞬間だった。九〇年代に入ると、西のはずれにAXEというオーガニック・レストランがオープンする。この一軒のレストランによって通りは完全に息を吹き返してゆく。

このAXEからイクエーター・ブックスまでのおよそ五〇メートルの間には、レストランやカフェが数軒並んでいる。歩道の半分までをパームツリーの根が占めていて、狭くてとても歩きにくい。通りには小住宅がぽつんぽつんと建ち並び、庭に咲いたヒナギクに水を撒く主婦や犬を洗うおじいさん、BMXに乗って遊ぶ子どもたちののどかな風景がある。ぼくはこのワンブロックほどの短い距離を小石を拾い集めるようにして歩く。アスファルトにスプレーされたいくつものあいあい傘に口元をほころばせながら。

その先、ウェストミンスター・アヴェニューから東は歩道も広くなり、今では家具屋や雑貨屋、洋服屋、そしてギャラリーなど洗練された都会的な店々が通りの両側に並んでいる。低い家並み。等間隔で立つパームツリー。長くて広い空の下にまっすぐに延びていく道を、通りの右側、左側へと神経を行き来させつつ歩を進める。しばらくするとエンジェル・シュー・サービスという昔ながらの靴修理店を見つけた。店自体は二〇年代から続いているというから、おそらくこのアボット・キニーで最古の店だ。

ベニヤ板で作られた看板には、靴と鍵とハンガーにかけられたスラックスの絵が描かれている。今どき珍しいオールドスタイルの看板だ。ここで二十五年働いているというジャックという名の老人に、この界隈の話を聞こうと声をかけた。軽く挨拶を交わすところまでは良かったが、街の移り変わりについてたずねるとなぜか態度は一変。街は変わったんだ、それだけだ、ア・リ・ガート。そう吐き捨てると、さあ、忙しいんで帰ってくれとけんもほろろに追い返されてしまった。

彼のような古くからの住民にとって、町の風景が変わっていくことは、きっと何かを失っていく悲しさや憤り以外のなにものでもないのだろう。そのいらだちの矛先がぼくのような旅行客に向けられるのか。いずれにせよ、ぼくはいきなりこの街から拒まれたような気になってすっかりうろたえてしまった。

一八五〇年にカリフォルニアがメキシコ領からアメリカ三十一番目の州となった

当時、ヴェニスは「鯨生息帯（ランチョ・ラ・バローナ）」と呼ばれていたそうだ。その後、二〇世紀の初め、タバコで財を成したアボット・キニー氏が「アメリカのヴェニス」としてこの一帯を運河の街へと開拓する。そしてヴェニスビーチに大きな桟橋を建造し、その上にさまざまな娯楽施設を建てていった。ジェットコースターや観覧車、レストラン、水族館、温水プールなどもあり、やがてロサンゼルスで一番の行楽地として栄えたが、一九四〇年代に市の公園管理局のお達しによって、桟橋上の施設はすべて撤去。その頃になると運河もほとんどが埋め立てられ、七〇年には桟橋そのものが取り壊されてしまった。

ヴェニスビーチに近いエリアは今も高級住宅地として知られている。でも内陸に少し入ったアボット・キニー・ブルバードは、その後、治安の悪い物騒なエリアへと廃れていった。

そんな街の移り変わりを思いながら、ぼくはふと、「ひとつの街のかたちが変わる速さは人の心も及ばない」というボードレールの言葉を思い出した。街というのは、思い出に取り憑かれた人たちの心を置き去りにしつつ、つねに新しい時代のキャンバスとして思わぬ速さで姿を変えていくものなのだろう。

歩道に出ると、犬と散歩する老夫婦がこちらに笑顔を向けながら通り過ぎていった。老夫婦の連れたホワイトテリアはぴんと立てたしっぽを左右に振りながら歩いている。空を見上げると太陽がさんさんと照りつけてくる。なんだか肩をぽんと叩かれたような気がした。再び歩き始めると、お腹がグウと鳴った。

昼食には通りの南側にあるアボット・ピザ・カンパニーというピザ屋を選んだ。店のキッチンでは、ネイティブ・アメリカンを思わせる顔立ちの若い女性がオーブンでピザをせっせと焼いている。透き通った黒い瞳が魅力的だ。今日のおすすめは「Salada Pizza」とボードに書かれている。ぼくはその四分の一スライスを注文した。

サクサクしたクリスピーな生地にハーブがどっさりと載せられたピザは、ぼくのお腹を目いっぱいに膨らませた。昼にピザは重いかとも思ったが、モッツァレラチーズのせいか後味もすっきりしている。店のドアにアルバイト募集のビラが貼られている。旅先でこれを見ると毎度足を止めてしまう。ここで働いてこの街で暮らしを立ててみようかとふと思い浮かべてしまうからだ。そう思うだけで街に対する心の持ちようががらりと変わる。まなざしも風景からそこに繰り返される人々の暮らしへと移っていく。

ついさっきもそうだった。店に入ってくるなり仕事の邪魔をするように、働く彼らにしきりに話しかける若い男がいた。野球がどうのこうのと、どうでもよさそうな話だ。もちろん聞く方もわかった風で、手を止めることなく半分呆れながらもふんふんと微笑みを浮かべながらうなずいている。そのやりとりが、なんだかぼくにはとっても楽しそうに見えた。毎日やってきてはひと通り話して帰っていくのだろう。こうした日々のとるに足らない、それでいて隣人同士の結びつきを感じさせてくれるやりとりに居合わせると、ぼくは途端に嬉しくなる。暮らしの中のどうでもよい一瞬が、その時々の旅の道しるべにもなっていく。

ピザ屋を出て歩道に立っていると、車を路上駐車しようとしている若い女性と目が合った。車を縁石に寄せようと何度も切り返しを繰り返している。見ていると車のリアバンパーが縁石に当たりそうだ。

ぼくは「ストップ、ストップ」と声をかける。彼女はゆっくりと車を前に戻し、こんな感じで大丈夫かなと不安げに視線を送ってきた。ぼくは手の振りだけで大丈夫と答えた。六五年式のマスタングから降りた彼女は、ありがとうと言って急ぐように通りを挟んだヨガスタジオに入っていった。

ヴェニスビーチのお膝元だけあって、アボット・キニーには古き佳きサーフカルチャーを物語るショップやギャラリーが目につく。通りのはずれにあるボード・ギャラリーは、Z‐BOYSのメンバーだったレイ・フローレスが営むヴィンテージ・スケートボードショップだ。店の前のアスファルトには、十字架の中に「DOG　TOWN」と彫られたサインがある。彼らがこの街につけた名前だ。

店内の壁には七〇年代から八〇年代にかけて生産されたスケートボードが掛けられている。一番古いものはどれかと聞くと、鉄輪のスケートボードを見せてくれた。五〇年代のものだという。ウインドウに置かれた小さなサーフボードを見ていると、それはサーフボードをボディボードにカスタムした希少なZ‐BOYSオリジナルだとレイが言う。

彼はこの街をどう思っているのだろう。いわば新しい開拓者のひとりでもある彼の言葉をぼくは聞いてみたかった。

「この通りは」とレイは言った。「今のようにしゃれた店が出来る前から、さまざまなカルチャーが生まれては消えを繰り返してきた。きっとこれからもそれは続くだろう。だけど、俺たちだけは何があっても変わらない。俺はこの場所でそのすべてを見届けるつもりさ。どうしてだって？　ここは俺のローカルだからさ」。

俺たちだけは変わらない、か。ここは俺のローカルだからか……。なるほどね。

ぼくはふっと靴修理屋のジャックの頑さを思った。

レイの店からヴェニス・ストリートまでは廃れた空き地が広がっている。信号の先には、濁った色をしたハイウェイの陸橋と、金網で仕切られた場所に打ち捨てられたコンテナが見えるだけ。そこに立っていたら強い風がびゅうと吹いた。まるで断崖絶壁に立っているような気分になった。

そこからまっすぐモーテルに帰らず、もう一度来た道を戻ったのはジン・パティスリーというカフェが気になったからだ。ちょうどさっきのヨガスタジオの隣あたりだ。

入り口は小さな庭になっていて、一見、普通の民家のようだ。中へ入るとケーキやチョコレート、クッキーなどのスイーツを売る店になっている。もちろん店内で珈琲やケーキを味わうこともできる。この店のオーナーはシンガポール人の若い女性で、日本やサンフランシスコを旅しながら菓子作りを学び、この通りにたどり着いて店を開いたのだという。

ガラスケースに入ったケーキはどれもが繊細で美しい。ヘルスコンシャス・カルチャーが盛んなこの街で、この店の提案するからだに優しいスイーツは間違いなく街の人たちの口から口へと広がっていくはずだ。この店もきっとアボット・キニーに新しい風を吹き込むきっかけになるのだろう。いつかまた訪れるのが楽しみな店のひとつだ。

通りから一本入った住宅街を歩いてみる。海辺の閑静な家並みが広がっていた。どの家もコンパクトで、その佇まいはみなキュートだ。一軒一軒写真に撮って歩いてみたくなるような色とカタチと温かさがある。どの庭も手入れが行き届き、草花が瑞々しく咲き誇っている。小さな住宅はもとはと言えば低所得者向けのものだったのだろう。それが今や新しい住民たちによって、このロサンゼルスという大きな大きな街の中で、小さな小さな暮らしの場となっている。見上げると、背の高いパームツリーのてっぺんに登り、葉を切り落としている作業員がぼくに向かって手を振っていた。平屋建ての共同住宅の窓に「貸します」というビラが貼ってある。見ると一カ月の家賃は一二五〇ドルだった。

ロサンゼルスという街でアボット・キニーのように歩いて廻れるエリアというのは珍しい。そしてまたローカルなコミュニティが育ちつつあるのも稀な例かもしれない。この通りに人気のコーヒー・チェーン店が出店しようとしたところ、地元住民の反対署名運動によって出店を果たせなかったという話は有名だ。

そのたかだか数百メートルの通りから、ある種のざわめきが波のように押し寄せてくるのをぼくは歩きながら確かに感じた。変わりつつあるエリアは歩くたびに発見がある。耳をすまして歩く楽しさに満ちている。

そこには生き生きとした風が心地よく吹き込んでいた。街は地図になってノートに刻まれていく。

木曜日 THURSDAY

「ロサンゼルスの郊外に奇妙な博物館があるから絶対に観たほうがいい」。

旅の直前、旧知の友人がぼくにこう言った。「ジュラシック・テクノロジー博物館」という個人経営の博物館だった。調べてみると、場所はロサンゼルスの南西に位置するカルヴァーシティー、ヴェニス・ストリート沿いとわかった。住所を手がかりに探してみると場所はすぐに見つかったが、あまりにもこぢんまりとした建物だったので意表をつかれた。

目の前はバスの停留所になっていて、街路樹から伸びた枝葉のせいで建物全体が暗い影で覆われている。バスを待つ人々はここが博物館であることにすら気づいていないようだった。あたりは二軒隣にあるタイ料理レストランからナンプラーを焦がした匂いが立ちこめていた。

重々しいドアに近づくと呼び鈴のブザーがあった。それを押そうかと躊躇《ためら》っていると、すぐ横の壁に埋め込まれた小さなディスプレイに気がついた。のぞき込むとそこには小さな白い壺の上にガラス細工のような蛾が何匹も浮遊している。ぼくにはそれが何を説明しているものなのか皆目見当がつかなかった。

ブザーを押し、ドアに手をやる。ドアはすうーっと自動ドアのように開く。怖々と中をのぞくと、真っ暗闇に人の良さそうな青年の姿がぼんやりと浮かんでいた。一瞬息を吞んだが、真っ暗闇というのは気のせいで、太陽の照りつける表から薄暗い中を見たのでそう感じただけだった。

「ハロー」と小さな声で青年が挨拶をする。「ハロー」とぼくも挨拶を返す。受付に小さな机があり、そのまわりがミュージアムショップになっている。

「入場料は寄付金扱いで五ドルになります」。

青年がテープレコーダーのような口調で言う。ぼくは言われるがままにお金を払う。「ここも少し見せてもらってもいいですか?」と聞くと「もちろんです」と青年は答えた。

ミュージアムショップで販売されているのは、数種類のオリジナルTシャツとポストカード、銅でできた古代の剣、お守りのような石、世界の七不思議的な書物だ。うーん……。

足早に展示室に向かおうとすると、受付に座った青年の足下にアコーディオンが裸のまま置かれているのが見えた。七不思議などよりも、ぼくにはそのアコーディオンの方がとても不思議なものに思えた。

博物館の中は、薄暗くいくつもの小さな部屋で仕切られたまるで迷路の館だ。子どもの頃、遊園地で入ったお化け屋敷をぼくは思い出す。展示されているのはどれもが小さなガラスのケースや壁に埋め込まれたものばかりで、足を止めて見ただけではそれが何なのかわかるものはひとつもない。

例えば真っ暗なケースの中に、ほんの小さな甲虫の標本がひとつ。そして、それとほぼ同じサイズの小石の標本が横に並べられている。ケースの横には受話器があり、それを取って耳に当てると、「チーーーーーッ」というわずかな音が聞こえた。書かれた説明を読むと、それは甲虫が驚いた時に発する鳴き声だという。その隣にも小さなボタンがあり、それを押して受話器を耳に当てると、こんどは「ツーーーーーッ」というわずかな音が聞こえる。これは小石が静止している時にたてる音だという。この展示には「身を守るための音声による擬態」とタイトルがつけられていた。

「異臭蟻」と名付けられたケースには、細い釘のようなものが頭から突き出た蟻の標本が置かれている。これは熱帯雨林に生息する種で、人間の耳にも聞こえる鳴き声を発するのだという。

この蟻が森林に存在するトメンテラ属菌類の胞子を体内に取り込むと、蟻の脳はその胞子に支配され、熱帯雨林の地表を離れてシダなどの植物の茎を上へ上へと登りはじめる。そしてある高さまで来ると大顎をその植物に突き刺して、体を付着させたまま死を待つのだそうだ。

ところが胞子は蟻が死んでも生き続け、脳髄を食い尽くすとやがて残りの体までをも食い尽くし、およそ二週間後にはかつて蟻の頭部だったところから釘のような突出物を生やす。成長した釘の頭部には新たな胞子が生まれ、その胞子は森林の地面にいる異臭蟻へと再び注がれるのだという。植物の茎に付着した異臭蟻の頭から釘の頭が生えた実物の写真は、ミュージアムショップに置かれたポストカードにもなっていた。

展示は他に、ある女性の頭から切り落とした実物の角や、夜尿症を治すために食べるという、トーストの上に二匹のネズミを置いた「ネズミパイ」の模型、そして風邪を引いた時によく効くという、生きたアヒルやガチョウの嘴を口に含んでそれで吸入するという方法を説明した模型など、奇妙というよりどう見ても不気味なものが淡々と続いていく。要するにここは、博物館という名の世界秘宝館であり、珍品コレクション館なのだ。最近増設されたという二階の展示室は、宇宙へ行った犬の肖像画だけを集めた厳かな小部屋になっていた。

この博物館の展示をひとつひとつ見てまわるには一日では到底困難だし、ましてや理解することは何日かけようとも不可能だ。一週間通い詰めて、膨大な博学を吸収した上でこの博物館の虜になるか、もしくは何も信用できなくなるかのどちらかだろう。友人がなぜぼくにここをすすめたのかと考えた。

友人はこうも言っていた。

「きっと気に入ると思うよ」。

なるほどね。実を言うと、ぼくは心からこの博物館が気に入っていた。

不気味な展示ばかりかと思うと「マウント・ウィルソン天文台への書簡」といった興味深いものもある。これは一般から郵送されてきた、天文学に関するさまざまな投書を蒐集し展示したもので、「地球は本当は平らである」とか「太陽が地球のまわりを回っている」といった、歴史上もみ消されてきたあらゆる仮説や新説が披露された発見の宝庫。

そんな世界不思議発見的なコレクションに大まじめに焦点を当て、卓越した展示技術と映像表現を駆使した博物館が「ジュラシック・テクノロジー博物館」なのだ。

偉大で壮大なこの博物館を作ったのはどんな人なのか。そのことが知りたくなって受付に戻って青年に尋ねると、館長はデヴィッド・ウィルソンという人で、もうすぐここにやってくると言う。ぼくはぜひ彼に会いたいと思い、しばらく待ってみることにした。

青年の足下にはいまもアコーディオンが置かれている。

金曜日 FRIDAY

今朝もよく晴れている。

モーテルから街の北にあるメキシコ人街、エコー・パークに向かう。すぐ近くのシルバーレークと同じく、このエリアには数年前から若いクリエイターたちが移り住み、インディペンデントなショップが増えている。トラックに映像機材を積み込み、映画館のない地方を回りながら映画上映会「マイクロ・シネマ」を催し、また映画制作のワークショップを行っているNPO「エコー・パーク・フィルム・センター」もここをベースにしている。

ビルボードで有名なサンセット・ブルバードのはずれが街への入り口だ。ウエストハリウッドから車で三十分、エコー・パーク・アヴェニューへとゆるゆると車を進めながら、ぼくは車が停められそうな場所を探す。

佇まいからしてゆるそうなカフェ、チャンゴがブロックの角にある。思わず目を細めたくなるようなやわらかい陽だまりに包まれている。並びには数軒の古着屋や雑貨屋があり、店の人たちはみな歩道に出て、呑気に立ち話をしていた。

裏返しにしたジーンズをショーウインドウにぽつんと置いたワークという店に入ってみた。ハンガーにジーンズが二、三本掛けられ、ロフト風の二階には大きな工業ミシンが二台置かれている。

「ここはジーンズ専門店?」と店の青年に聞くと、「昔のテイラーのように完全オーダーメイドのジーンズ屋だよ」と教えてくれた。彼の名はロビーといった。ブライアンという友人と二カ月前にはじめたばかりの店だという。店は簡素で清潔だ。「頼むと何日で仕上がるの？」と聞くと「そうだね、ふつうは四日くらいかな」との答え。店の前には彼の飼う大きな犬が寝ころんでいる。

「どうしてここに店を開こうと思ったの？」。

「ここだけがロスっぽくなくてさ、特にこのブロックはのんびりしてて良かったんだ」。

今朝もサーフィンをしてから店に来た、とロビーははにかみながら言う。彼のはいたジーンズはこの街の雰囲気のようにゆるくて和やかに見えた。

ショー・ポニーは、乙女の引き出し的な雑貨やアクセサリーを売る、注目のガーリーショップだ。店主のキミー・ビュゼリはアーティストとしても活動していて、実を言うとぼくは彼女に会えるのを楽しみにしていた。ところが残念なことに、今日はドアに鍵がかかったままだ。

「風邪を引いてしまって今日はお休みします」と書かれたメモがガラスに貼ってある。その癖の強い筆跡は、確かにフライヤーなどで目にしてきた彼女自身のものだった。

このブロックには若いクリエイターが開いた店が五、六軒集まり、ちょっとしたローカルコミュニティになっている。その親密な雰囲気が心地よく、ぼくにしてはめずらしく「何かを買って帰りたい」という気持ちが湧き上がった。ハン・チョロというストリートファッションを売る店で、「LOS」という文字の入った決して履かなそうなスポーツソックスを買う。二五ドルの無駄遣いに苦笑い。チャンゴに戻って、チャイを注文し、外のテーブルで足を休める。

今日も太陽の光がさんさんと降りそそぐ一日だ。夜はきっと星がきれいだろうな。ぼくはノートを取り出し、白紙のページに一本の線をペンで引く。その余白にいくつもの風景を描いていく。それは地図を描くというよりも、この街を言葉に置き換えてゆく作業に思えた。

エコー・パーク・アヴェニューからフィルム・センターまで歩く。サンセットまで戻り、アルバラード・ストリートを曲がるともうすぐだ。あたりにはメキシコ料理のレストランや雑貨屋が並んでいて物見遊山な気分で楽しくなってくる。フィルム・センターは健在だった。主宰するパオロもリサも元気だった。ところが隣にあったヒップホップと反権威主義的革命精神!に溢れたインディペンデントな本屋、33⅓ブックス&ギャラリーが移転していた。その理由をパオロに聞くと、このエリアも昔に比べてどんどん地代が上がっており、理不尽な家賃の値上げにしっぽを振って従うくらいなら出て行くよ、ということになったらしい。幸いにもフィルム・センターは自治体からの寄付金や、市から与えられる支援金のおかげで留まることができたが、それでも値上げ反対の署名運動などを展開して相当頑張ったという。

ついでに教えてもらったメキシカン・ファストフードのロデオ・メキシカン・グリルでランチをとる。ファストフードと言いながらも、アボカドがたっぷりと入ったトルティーヤスープと、程よい辛さのサルサソースのかかったチキン・ファヒータの美味しさは本格的。量の多さに驚いたが残さずに食べてしまう。タマリンドジュースを生まれて初めて飲んでみるとこれもまた美味。懐かしいさつまいもの味がした。

車を停めた場所に戻る途中、サンセット沿いにシー・レベルというレコードCDショップを見つけた。ここもまたローカル・コミュニティを担った場所だ。アコースティックで何かおすすめはないかなあと店員の若い女性に聞くと、悩むことなく「Mt. Egypt」というアーティストのアルバムをすすめてくれる。元プロスケーターのトラヴィス・グレイヴスがバンド名義でリリースしたアルバムなのだそうだ。早速買った二枚を車の中で聴いてみる。若い頃のニール・ヤングを彷彿とさせるような美しい声だった。

まぶしい夕焼けの中、メロウな曲に乗ってモーテルへと帰る。

土曜日 SATURDAY

少し前にバークレーの本屋で手に入れたリトルプレスがある。装丁に活版印刷を使った二〇ページほどの小冊子で、短編小説を一話だけ収めている。小粋なデザインの表紙が美しい一冊だった。

そのリトルプレスを作っているクローバーフィールド・プレスが、シルバーレークにあると知って連絡をとった。どんな人が、どんなふうにこの本を作っているかをぼくは知りたかった。何よりもその名前がイカしていると思った。

教えてもらった住所を訪ねるとピンク色の可愛らしい一軒家が見つかる。

家の横のガレージに男性の姿が見えたので声をかけると、連絡をとりあったマシユーだった。背が高く、笑顔が素敵な人だ。手を伸ばして挨拶をすると、キッチン裏のドアからふたりの女性がにこやかに現れた。クローバーフィールドはこの三人によって作られた出版社だ。

裏庭のガレージに大きな洗濯機二台分くらいの機械がある。さまざまな大きさの鉄輪とベルトが複雑に入り組んだ、横から見るとロボットのような機械だ。

「これが活版印刷機？」と聞くと、「そうよ、これで本の表紙を刷っているの」とエレノアが教えてくれた。彼女はインクの染みがたくさん付いたダボッとしたオーバーオールを着ている。活版製作と印刷が彼女の仕事だ。そしてこの家は彼女の自宅だった。

「ちょっと待ってね。今動かしてあげるから」。

エレノアはそう言って機械のスイッチを入れて、どのようにして表紙の紙に活版が刷られていくのかを見せてくれた。印刷機はまるで生きているかのように、よいしょ、よいしょと動いた。

「この機械はどうやって手にいれたの？」と聞くと、eBayでコンディションの良いものをやっと見つけて、わざわざシアトルまで、車で引き取りに行ったと言う。

眩しい陽射しに包まれて動き続ける活版印刷機をエレノアは愛おしそうに見つめている。

「さあ、こっちで話そうよ」。

マシューはキッチンルームにぼくを誘った。テーブルには朝食の後の、食器やナイフやブレッドボードなどが散らかったままだった。エレノアは「ごめんなさいね」と恥ずかしそうに言った。でもそんなふうに散らかっているほうがぼくには落ち着けたし、人の家に呼ばれてキッチンで話をするのは気を許し合った仲のようで嬉しかった。

キッチンの横に置かれた小さなテーブルを囲んでぼくらは話し合う。エレノアは冷蔵庫に寄り掛かったまま。まずはクローバーフィールドのはじまりからだ。

手本になっているのはヴァージニア・ウルフ夫妻が自費出版していた、作家と芸術家をコラボレートさせた特装本なのだという。

「小さくて、ページ数が少なくても、美しい本を作れば本の好きな読者は手に取ってくれるだろうし、美しい本であれば、作家もその一冊として自分の作品を発表したいと考えると思うの」。

マシューのパートナー、ロランスが言う。

「何よりぼくらは美しい本を作ろうと思ったのさ。美しい本は装丁が重要だから、そこだけは他に真似のできないクオリティの高いものにしたかったんだ。そして一冊の本を作るにはそれ相応の時間もかかる。今の出版業界のスピードはあまりにも速すぎると思う。ぼくらは本作りの時間を作家やアーティストとじっくりと楽しみたいんだ」。

手順としては、まず作家の作品が決まってから、装丁デザインをアーティストに依頼し、原版を活版に起こしては何度も試しながら表紙を刷っていく。そうやって本当に手間ひまをかけて一冊ができ上がっていく。

「ページ数が少ないから中綴じの本にしかできないのだけど、本屋では背表紙がないと棚に差してくれないからね。それが今の悩みのたね。これからはほんの僅かでも束《つか》を持った本を作りたいね」。

真の愛書家は美しい装丁の本に目がないものだ。作家もまたそのほとんどが愛書家である。まずは作家に気に入られるような美しい本を作れれば、こちらから声をかけなくとも作家のほうからアプローチしてくることだってあるはずだ。

クローバーフィールド・プレスは今まで四冊の本を出版し、それぞれが六百部限定だという。自分たちのホームページとアメリカ各地の独立系書店で販売していて、最近ではアマゾンでの販売も始まった。

短編小説を専門にしているのは「作家の魅力は短編小説にこそ表れるからだ」と

いうマシューの言葉に、ぼくもうなずく。

ちょうど新しい本の製作をしているところだと言って、一冊のダミーを見せてもらうと、ハルキ・ムラカミの名前が見えた。映画化もされた「トニー滝谷」の英語版だ。エージェントを通して作家にオファーしたところ、すぐに快諾してくれたらしい。三人ともそれがとても嬉しそうだった。すでに刊行されている『The Boy from Lam Kien』のミランダ・ジュライ（『いちばんここに似合う人』という作品が邦訳されている）も、アメリカで注目を浴びているアーティストであり作家であり映画監督のひとりだ。

「三人で作った出版社だから、三つ葉のクローバーの名前をつけたの？」。最後にぼくがそう聞くと、「いやいや、名前をどうしようかとずっと考えていた頃、車でフリーウェイを走っていたらCloverfieldという通りの名が見えたんだ。いい名前だし、語呂も良かったし。反芻してみると、大きくもあり得るし、小さくもあり得るような言葉の感じが気に入ったので、そこから拝借したのさ」。

マシューがクスクスと笑いながら言うと、他のふたりは手を叩いて笑う。「本当？」と聞くと「ええ、本当よ」とロランス。どんな話をしていても、彼らのまわりには笑い声が絶えない。

帰り際、庭一面にレモンの木がひろがっているのに気がついた。淡々とした緑葉の中に黄色いレモンがいくつもなっている。

振り返ると三人が並んで手を振ってくれている。レモンのように清らかな笑顔だ。

日曜日 SUNDAY

朝食をとらずにサンタモニカのメイン・ストリートで開かれる朝市へ出かける。今朝のあたたかさは半袖一枚で歩ける、まさに「ビューティフル・サンデー」だ。ダウンタウンを除いて、ロサンゼルスには高い建物が少ない。そのためか街の景色の半分を空が占めている。部屋の窓から見えるのも、外に出てまず目にするのも空だ。この街でぼくは空ばかり見ている。そして窓にかかったカーテンに浮かぶふんわりとした陽の光。街路に照りつけるまぶしい陽射し。夕方になると目に射し込む夕焼け。この街でぼくは光ばかりを追う。

朝市はすでに買い物客でにぎわっていた。産地直売の野菜や果物、焼きたてのパン、作りたての総菜などの小さな露店が敷地いっぱいにひしめきあっている。歩き出してすぐに「ああ、なつかしいなあ」と感じたのはどの店からも香ってくる土の匂いのせいだ。

家族総出で自分たちの手がけた食材を売る農家があちこちに出店している。小さな女の子がリンゴを売り、おばあちゃんがジュースを搾り、お父さんとお兄ちゃんがトラックから荷下ろしする姿は、微笑ましいばかりでなく平和を絵に描いたような風景だ。そこで飛び交う家族同士の会話についつい足を止めて耳を傾けてしまう。娘に叱られる嬉しそうな父親の姿を何度見かけたことか。

今日の朝食はフレンチクレープの専門店アカディと決めていた。が、そこに行き着くまでに、ドライフルーツやオリーブオイル、自家製防虫薬といったあれこれを買い物してしまい、すでに両手はふさがれている。

朝市の楽しみは売り手とのやりとりだ。にんじんひとつを買うにしても、会話というささやかなおまけがついてくる。というか、対話のおまけににんじんがついてくると言ってもいい。

どこの店も試食は当たり前なので、話のついでにすすめられるまま食べていると、いつの間にか満腹になってしまう。それはそれで朝市ならではの幸せなのだが、ここでしか食べられない朝食メニューを前の晩から楽しみにしてきているぼくにとっては複雑な心境この上ない。

テントの下で三人のシェフが次から次へとクレープを焼いているアカディの前には、すでにずらりと客が並んでいた。ぼくは、バターとレモン果汁、ジンジャーが載ったシンプルな三ドル七五セントの「イングランド」というクレープを選ぶ。店の前のコーヒースタンドでチャイを買って、みんながそうしているように日向の芝生に腰を下ろす。扇形に畳まれた湯気の上がったクレープに唾をごくんと飲み込んだ。

朝市にはきれいな人たちが集まるというのはその通りだと思う。青空の下、どの店にも女性の働く姿があり、彼女らから素朴な笑顔を向けられるとひと目惚れしてしまうようにドキドキする。土や植物、命あるものに触れる人たちはどうしてこんなに清々しいのだろう。この場にいるだけでも身も心も洗われるようだ。

後ろ姿のかわいい親子がロー・フードの店で買い物をしていた。Raw Foodというのは、有機栽培の野菜や果物を中心に火を一切使わずに料理したものだ。

つられて店をのぞくと、そこはサンタモニカにあるジュリアーノズ・ローというレストランの出店だった。もう少し何か食べたいと思っていたので、小さなキャベツの葉をお椀にしてチリを盛りつけた八ドルの「ヴェジタリアン・チリ」を買って食べる。辛さと味に独特な癖があって不思議な味がした。気がつくと敷地の芝生ではジャズバンドの演奏が鳴りはじめた。朝市でのひとときはゆっくりと午後へと流れていく。

日はもう暮れかかっていたから、日曜日のチャイナタウンなどどこの店も閉まっているると思った。しかし、そこに風景があるなら少しでも歩いてみたい。

地図もなく、案内もなく、街角の中国語だけを目印にぶらりと歩いていく。裸電球が吊り下がった路地を右へ左へと入ってみたり、建物の隙間を縫うように歩きながら、この知らない横丁の奥へ奥へと入っていく。

突然、映画のセット村のような路地にたどり着いた。真っ赤な明かりに包まれた一画には、いくつかの店があるだけで人影がまったくない。ぼんやりと提灯が揺れている。その奥に「ハッピー・ライオン」「ブラック・ドラゴン」という名のそれこそ作り物のような真新しい看板が見える。白日夢の景色を歩いている。そんな錯覚を覚えた。

格子窓の店をのぞいてみる。現代美術のギャラリーだ。その他の店ものぞいてみたが、どれもギャラリーやアーティストのアトリエだったのには驚いた。ここはチャイナタウンの中にある現代美術のギャラリー街だった。壁には「チャンキン・ロード」と記されている。しんとしていたかと思うと、背中越しに子どもの遊ぶ声が飛び込んできた。振り返ると数人の子どもが、ギャラリーやアトリエの中を遊び場のようにして走りまわっている。子どもたちを叱る中国語が聞こえる。子どもたちは遊びをやめずに走り去っていく。

そして路地はまたしんとなった。視線の先にぼんやりと薄明かりを放つウインドウが見えた。軒下には黄色い風鈴のような飾りがぶら下がって揺れている。ぼくは見るからに他と違ったその薄明かりに誘われるように近づいた。そこは中国の民芸品や仏像を扱うフォングスという名の店だった。

足を踏み入れると、仏像や根付などが所狭しと並べられている。古い骨董品のような物もある。開いていた入り口からそおっと入って、後ろ手にしながら並べられた小物を見ていると、店の奥から老人がよたよたと歩いてきた。

「こんばんは」と声をかけると、にこやかに笑ってうなずいた。ぼくの顔をじっと見続けている。ぼくは黙っていられず、「おいくつですか?」と訊ねる。老人は「わたしは九十八歳」とはっきりとした声で答えた。ここは自分の店ではないが今日は留守番で来ているのだという。そして、ここはもともと自分の父親が一代で築いた店だといい、店の奥に飾ってある父親の写真を見せてくれた。それは老人より遥かに若い男の写真だった。

ぼくが日本人だと知ると、老人は震えた手でぼくの腕をつかみ、何かを一所懸命に話そうとするのだが、老人の話す小さな声と不思議なアクセントを持った言葉がぼくには聞き取れず、彼が何を伝えようとしているのかわからない。それでもうんうんとうなずいていると老人は嬉しそうに微笑んだ。

店を後にしようとした時、「ありがと」という日本語がかすかに聞こえた。ぼくは後ろを振り返らずに歩いた。

宵闇の下りたチャンキン・ロードにはやっぱり人影はなかった。

満月だけがぽっかりと夜空に浮かんでいる。

Taipei
台北　台湾

台北は思わず歩きまわりたくなるような陽気だった。

古亭という街のだだっ広い交差点で信号待ちしていると、長い髪を後ろでひとつにまとめた美人に中国語で話しかけられた。「中国語はわからない……」と片言の英語で返事をすると、微笑みを浮かべて自分の手首を指差した。そうか、時間を訊いているのか。腕時計を持たない僕は、ポケットから携帯電話を取り出して画面を見せた。画面をのぞき込んだ女性は表示された時間をぽつりとつぶやいてから、ゆっくりとした口調で「謝謝」と言った。そして「その携帯電話、素敵ね」と流暢な英語で言い、歩き去った。話しかけられてから去るまでの間、その女性との距離のあまりの近さに僕はドキドキしてしまった。端からすれば恋人同士と見まがう近さだったはずだ。街中で何かを訊ねる時、人はこれほど近づくものだろうか。その女性のなんとも言えぬ仕草の余韻が心に残り、見知らぬ街であたたかい気持ちが生まれた。ゆっくりと口にしてみると、「謝謝」という言葉はとても美しい響きがした。

一度青になった信号はまた赤になり、黄色いタクシーや群れをなしたスクーターが真っ白な排気ガスをはき出しながら、途切れることなく目の前を通り過ぎていく。

台湾を旅するのは初めてだ。初めての旅先で見たいものや知りたいことを律儀に果たそうとしたら切りがない。着いた場所から歩き始めて行き着くところで腰を下ろし、その途中で見つけた何かを小石のようにポケットに拾い集めて、持ち帰ればいいと思った。これほど気を楽にした旅は久しぶりかもしれない。忘れかけた旅の仕方を思い出すようだ。

宿をとった古亭は学生街である。何があるかわからないが、ひとつこの街を歩きまわって地図を描いてみようか。そう思って歩き始めた途端、大きな欠伸が続けざまに出た。

夕暮れにはまだもう少し。することもないから古亭の小道を散策してみた。小道に入ると集合住宅が所狭しと建ち並んでいた。それを見上げて歩きながら不思議に感じたのは、どの窓にも豪華で頑丈な鉄柵が付けられていることだ。鉄柵だらけの住宅はまるで監獄のように見える。その理由を土地の人に聞くと、泥棒除けだと笑って教えてくれた。しかし、今の台北がそれほど治安が悪いとは思えない。きっと昔ながらの習慣なのだろう。台湾の人にしてみれば、鉄柵の無い窓は窓ではないという感覚なのかもしれない。しかし窓の外に手を伸ばせない窮屈な感じはいかがなものか。地震や火事の時、ひょいと窓から逃げられないではないかと心配になる。

師範大学という大学のまわりにやってくると、このあたりで日本統治時代から残る、瓦屋根の古い日本家屋をいくつか見つけることができた。レンガの壁には苔がうっそうと生えていて、子どもならば「お化け屋敷だ」とはやし立てる風情を醸し出している。ほとんど空き家だということは、しげしげと中をのぞいてみてわかった。これらはいずれ取り壊されてマンションが建つという。街中のいたるところで目にする建築現場からすると、今は台北の街から古い景色が消え、新しい景色に変わろうとするちょうど狭間なのかもしれない。「古き佳き日本家屋は残しておけばいいのに……」というのは観光客の勝手な戯言である。

路地に迷い込んでいつしか右も左もわからなくなった。標識を見ると「永康街」と書いてある。先へ先へと歩いてみる。知らない街なのに、散策をすればするほど親しみが湧いてくるこの不思議な感覚は何だろう。今日はどこまでも歩いていけそうだ。赤い提灯がぽつんと浮かんだ夕闇の路地に、放し飼いの犬が駆け回っている。誰ともかまわず「ニイハオ!」と声をかけたくなった。

歩道に面した窓際のテーブルに、朝の陽射しがいっぱいに当たっている。昨晩、歩いた永康街が、思いの外にぎやかで謎めいていたので、朝食を食べながらそのことばかりをぼんやりと考えている。平日の夜なのに祭りのような光景が突然現れたのだ。小さな公園ではリズミカルな音楽が大音量で流され、それに合わせて二、三十人の中年おばさんが揃っておかしな振り付けで踊っていた。見まわすとそこかしこに行列のできた飲食店がたち並び、子どもから老人までが道ばたで無邪気にはしゃぐ姿があった。歓楽街とも違う、針が振り切れたようなあの繁華は一体何なのか……。今日もまた永康街を歩いてみようか。

朝食は宿近くの毎一天健康餐飲というファストフード・カフェで、ベジタブル・ベーグルを選んだ。ひと口食べてこのベジタブル・ベーグルのうまさに驚いた。蒸して温めたあつあつのベーグルに、レタスで包んだ野菜サラダを挟んだだけのものだが、この店こだわりの有機野菜の新鮮さも相まって、歯触りが贅沢でとびきりうまい。何てことないメニューだが、今まで食べてきた数々のサンドイッチの中でもトップに位置するご馳走である。そしてひとつ五〇元（日本円で二〇〇円）という安さ。四〇元のコーヒーと合わせても四〇〇円以下だから愉快になってしまう。

ご馳走と言えば、台湾に着いた日に食べた員林商店という乾物屋の黒米おむすびがある。黒光りした黒米を主人がひとつひとつ丁寧に握った俵形のおむすびだ。細かく刻んだ沢庵と、甘いでんぷ、油条（揚げパン）が具に入る。真っ黒な見た目はなんとも不気味だが、柔らかさの中にあるサクサクした食感と甘くまろやかな味に、僕の頬は一瞬にして落ちた。

ベジタブル・ベーグルと黒米おむすび。食い意地を張って朝とおやつに毎日食べた。できることならば持てるだけ持って帰り、友人ひとりひとりに配って歩きたい気分であった。

二十四時間営業の本屋があると聞いたので出掛けてみた。

台北の大手書店、誠品書店の敦南店である。外観は表参道あたりのファッションビルのように洗練されている。見ていると、品のいいおしゃれをした若者がどんどんと本屋に吸い込まれていく。圧倒されて店の前でぼうっと立っていると、なんだか自分が田舎からやってきたお上りさんに思えてきた。

人口に対する書籍の出版点数比率が世界一の台湾。これほど贅沢な本屋があれば、人が集まるのは当然といえば当然である。段差や小さな階段で立体的に作られた売り場にはソファがいくつも置かれ、客は思い思いのスタイルで本を手にしてくつろいでいる。ここは夜の十二時過ぎに行くともっと面白いらしい。なんと、おしゃれな若者でにぎわっているというのだ。深夜におしゃれをして出かける先が本屋というのはなかなか粋ではないか。本屋が出会いや憩いの場であり、カルチャーの中心である理想型がここにはあるのかもしれない。うーむ。『台北で生活する百の理由』（『在台北生存的一百個理由』）という本の中で、誠品書店があげられていた理由がようやく納得できた。

本屋が元気ならば、台湾の出版事情はどうなのかと気になった。何か面白い話はないかと台北の友人に訊くと、ひとりで出版社を切り盛りする若者がいると教えてくれた。彼が編集し、出版する本はどれもがベストセラーらしい。連絡をしてもらうと幸運にもすぐに会えることになった。こういう気安さも台湾人の魅力である。

自轉星球文化創意事業有限公司（Revolution-Star Publishing）の黄さんは三十二歳の好青年だった。二年で四冊を出版している。「本来、出版というのは自由なものでしょう。私は本を自由に作るためにひとりですべてを行っているのです。大きな出版社では時間も予算もアイデアも制限されてしまいますから」。黄さんは爽やかな笑顔でさらりと話した。今年の初めに出版した『imagine, my generation』は装幀部門でグラミー賞を受賞している。

帰り道、僕は自分が知ったつもりの台湾と現実の台湾は、実は大きく違っているのではないかと思いながら歩いた。今日の台湾は、気さくでぬくもりがありコスモポリタンな雰囲気に溢れている。

「Arne」そっくりの「mogu」という雑誌を発見した。手にしてみると、大きさ、紙の質感、デザインの雰囲気が、大橋歩さんが作る生活雑誌「Arne」にそっくりだった。最新号の特集は「読書」である。クレジットに目を凝らすと、この雑誌は「Arne」同様、個人で作って販売しているものとわかった。作っている人の顔や、言葉や考えが、手にとるようにわかるのが雑誌の魅力であり切り札であれば、「Arne」は雑誌のお手本とも言えよう。ならば、それを手習いにして生まれた雑誌があっても不思議ではない。僕は「mogu」編集部を訪ねてみたくなった。作っているのはきっと素敵な人たちだろうと思ったからだ。ちなみに、雑誌の編集部というところは外の人間が気楽に立ち寄っても失礼ではない場所と僕は思っている。なので「ニイハオ！」とドアをノックしてみた。

「mogu」を作っているのは二組の夫婦だった。彼らはグラフィック・デザイナーとしてデザイン事務所を持ち、そこで働きながら「mogu」を作っている。突然の来訪に驚かれたが、日本から来たと話すと大歓迎してくれた。

「『Arne』に似てますね」と訊くと、「はい。私たちは『Arne』が大好きなのです。初めて見た時、デザインや編集方法、記事にも大きなショックを受けました。私たちが読みたい雑誌はこれだ！と思ったのです。そしてこんな雑誌を私たちも作ろうと決心したんです。でもまだまだ、満足できるものにはほど遠いのですが……」。編集を担当するトムさんは、はにかみながら言った。バックナンバーを見せてもらうと、どれもが暮らしのあれこれに個人の視点からフォーカスし、センスのあるシンプルな編集でまとめられていた。台湾では人気も上々だという。

エッセイの投稿ページがあったので、「僕も投稿してもいいですか？」と訊くと、「もちろんです！」と笑われた。宿に帰って早速書いて送ろうと思った。

日々の仕事以外に、自分を高めていくものがあるのはいい。彼らにとって「mogu」はそういう存在なのだろう。四人の美しい笑顔がそれを静かに物語っていた。

古亭はひとつも退屈することのない街だった。いつもと違う横丁を歩いて朝食（あのベーグルです）を食べに行くと、活気で溢れた商店街に出くわした。パイナップルやスイカを売る屋台、サンドイッチ屋（三角のやつ）、お粥やスープを売る朝食屋、八百屋など、そんなありとあらゆる店が、路上を占領し店を開いている。何から何まで丸見えで、目が合えば「ニイハオ」と言葉を交し、朝の空気をにこや

かにしている。

昔ながらの小さな印刷屋があり、中を覗くと壁一面にいかにも古そうな活版が並んでいて口もとがゆるんだ。おっ、見つけたぞと思った。一歩中に入ると肌着一枚の老人が椅子に座っている。日本語で「こんにちは」と声をかけてみると、「はい、こんにちは」とはっきりした声で老人は返事をした。台湾の老人は日本語を話せる人が多い。かつての台湾では日本語が公用語だったからだ。「ここで、活版、名刺、作って、もらえますか」と訊くと「名刺、できる、大丈夫」と老人は笑って答えた。ここにある活版はすべて日本語の漢字とは異なる。それがまた面白いし、古い活版を使った印刷は今や希少だ。自分の名前と住所を紙に書いて渡すと、老人はうんうんとうなずき、「明日、朝、来い」と言った。そして紙を選べと見本帳を手渡された。紙を選ぶと「明日、来い」と言った。代金は百枚で三〇〇元。活版ならではの凹を強調してもらいたいので、「圧力、強く、印刷」と伝えると、老人は一瞬キョトンとしたが、活版印刷機を指差して「強く、強く」と言うと「わかった、わかった」と指で丸を作った。老人の仕事机を見ると、家族写真と孫らしき子どもの写真が宝物のように貼ってあった。

古亭駅の近くをうろうろしていたら、福州乾拌麵という麵屋を見つけた。ちょっと食べてみるかと、店に入って乾拌麵を頼んでみる。大、小があった。朝食後だから小を選んだ。二五元（八〇円）。麵の上の具はネギだけ。ウースターソースのような汁をかけて食べろというのでその通りにすると、味はまるでソース焼きそばだった。それがまた妙に美味しくて、その日から癖になって食べ続けている。

せっかく台北に来たんだから、士林夜市や中正紀念堂に行ったり、せめて小籠包くらいは食べたらと、台北の友人がすすめてくれたが、相も変わらず毎日、古亭周辺ばかりを歩いている。

龍泉街という通りの奥にこぎれいな古本屋があった。店の名は楷書で書かれていて読めない。主に英語、日本語、北京語のアートブックが整然と並んでいる。何か買って帰ろうと本棚に目をやると、長年探していたジャコメッティの作品集を見つけた。それも一五〇元。こんなところで見つけるなんてと苦笑しながら店を後にする。

大通りの和平西路一段へ出て、古亭駅近くの美術用品街を歩く。四軒ほど篆刻《てんこく》店が並んでいる。どの店のウインドウにも大小さまざまな石に彫った印鑑が美しく並んでいた。感じの良さそうな一軒を選んで中に入った。あごに長いヒゲの生えた店主らしきおばさんに印鑑を作りたいと告げると、まずは石を選べと言われた。石は大きさや種類によって大体二〇元くらいから五〇〇元くらい。高いものは天井知らずだ。石を選んだら、次はどんな文字を選ぶかだ。既製の文字にするか、個性的な文字を彫る作家に注文するかの二択である。石を他の店で買って、篆刻だけを注文するのも良いと言うので、二軒隣の店で石をふたつ買い求め、ヒゲおばさんの店で篆刻を頼んだ。弥太郎の「弥」という一文字を「呂政宇」という作家に、「好日弥太郎」という五文字を「張永興老師」という作家に頼んだ。篆刻代はどちらも一文字三〇〇元（かなり高いランク）。しかし僕が注文したものは石の形が特殊という理由でどちらも二千元と言われた。「彌」は一文字だが石が大きいらしい。「好日彌太郎」は石がとても小さいので手間賃らしい。

夕闇もせまり、小腹が空いたので今日もやっぱり永康街へと向かう。麗水街にある台湾家庭料理店「大来小館」に入る。美人の奥さんが調理し、旦那さんが配膳をする小さな店だ。はまぐりとへちまのスープを頼んだ。実にうまかった。人の家でもてなしを受けているような気分になってすっかりと落ち着いてしまう。どこかから聞こえる虫の音も心地よかった。

台北には僕の好きなものが全部ある。サンフランシスコの自由で気さくな空気。ニューヨークの異国文化が混ざり合った街角。パリのカフェで過ごす夜のひととき。世界中を旅して、台湾に行き着く人が多いというのも少しずつうなずけてくる。

夜の帳が下りる頃、ふんわりとした気持ちで、師範大学の脇道から永康街へと歩いた。ぱらぱらと小雨が降っている。

骨董品屋が並ぶ路地に泥棒市場のような一角がある。雨宿りもかねてのぞいてみると数軒の骨董品屋が軒を連ねていた。店主たちは通路の一カ所に卓を囲み酒宴を上げていた。ガラスケースに置かれた小さなぐい呑みが目に入った。ぐい呑みには水色の字で「明治メリーミルク」と日本語があった。日本統治時代のものであろう。若い男の店主に言って見せてもらうと、なんともかわいい器であった。数日前「冶堂」という茶芸館にぶらりと立ち寄った時も、店主のコレクションである日本統治時代の茶器を見せられていた。そんな記憶が後押しして、手にした途端このぐい呑みを連れて帰りたくなった。値切ることなく四千元を払って懐にしまった。

e-2000には「古いものと中国茶」と書かれた石柱が玄関に置かれていた。

This is Kuting

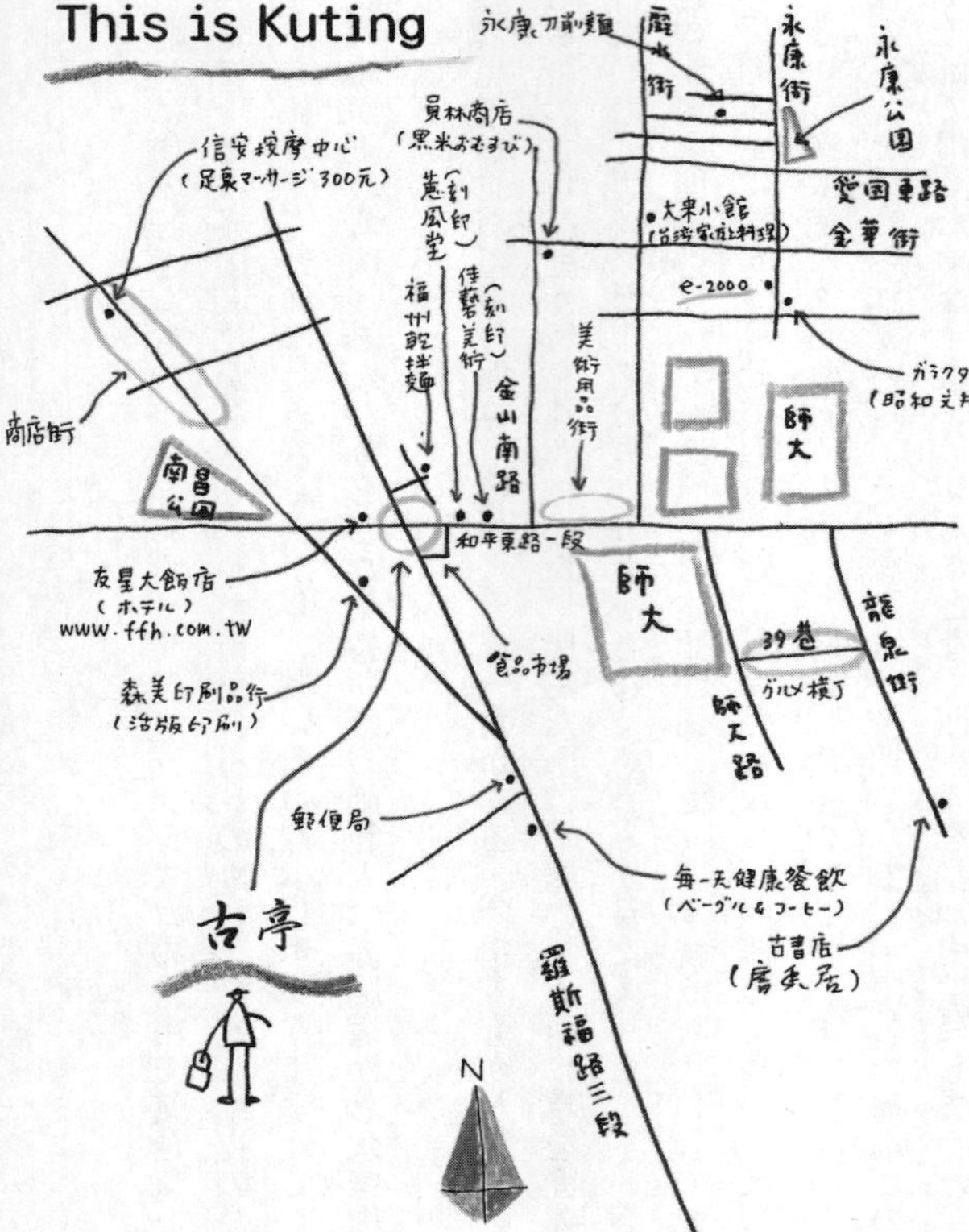

暖簾をくぐると、そこには店主の研ぎ澄まされた美意識が隅々まで行き渡った清らかな空間があった。僕はここでお茶をふるまわれた。静かな動作でお茶を淹れる店主の廖《りょう》さんに「どうぞ」と差し出されたお茶はどれもが逸品だった。「このお茶は二十年前の凍頂烏龍茶です。二十年もの間、誰かがこのお茶を放っておいてくれたから、私たちは今こうして美味しく飲めるのです。どんなものでも干渉せずして、自然のまま置いておくのが一番良いのです」。廖さんは炭で沸かした湯に話しかけるようにして呟く。お茶を何杯もいただき、聞香に酔いつつ、二時間、三時間と、僕はこの店に集まってきた人たちと他愛ない会話を交して過ごした。

台湾の持つ大きな包容力は、いつまでも僕の心をあたため続けている。台湾再発見の旅だった。

Taitung & Taipei

台東・台北　台湾

台湾を再び旅するには理由があった。二カ月前に初めて訪れた台湾で、原住民（台湾先住民の呼称）のスミンという青年のことを友人から聞いた。スミンは「TOTEM」というバンドを原住民同士で組んでデビューしたばかり。台北ではなかなかの人気らしい。彼のようにピュアで朴訥な精神を持った若者は珍しいと友人は言った。彼を伴い、彼の故郷である台東を旅したらきっと楽しいだろう。そして台湾原住民の文化に触れるいいチャンスに違いない、とすすめてくれた。

願ったり叶ったりである。早速スミンへ連絡を取ってもらうと、喜んで、自分の故郷を案内したいと返事があった。ということで、今回は台湾原住民のスミンと友人とともに、台東へ向かった。

「アミ族のスミンです……」。彼の風貌は二十七歳には見えないあどけなさを感じさせた。東京からやってきた僕にそっと手を差し出す仕草は優しい人柄そのものだった。短パンにTシャツ、ゴム草履姿で、真っ黒に日に焼けたスミンの笑顔が眩しかった。

台北空港から飛行機で五十分。「台東は暑いですよ」。抜けるように晴れた青い空を見上げてスミンはつぶやいた。僕らは車に乗り込み、窓を全開にして、時折そよぐ南国の風を顔にあてながら市街地へと向かう。

久々の帰郷に嬉しがるスミンは顔がほころびっぱなしだ。車を運転しながら右や左を指差して、あれやこれやと説明してくれる。台東の市街地はわずかなエリアではあるが、ファストフード店やコンビニもあり、台北の街と何ら変わりない。「きれいな女の子が作ってくれるかき氷屋に行きましょう」。そう言うとスミンは車を路肩に停め、通りに面したかき氷屋に僕らを連れて行った。テーブルに置かれたマンゴーかき氷の、あまりの山盛りぶりに驚いていると、「平気平気、ぺろりと食べられますよ」とスミンは言う。口にするとそのうまさに負けて、少しも手が休まらぬまま、あっという間にたいらげてしまった。これで一杯五〇元。台東の旅は静かに動きはじめた。

「スミンの名字は何て言うの?」と聞いてみた。すると「原住民に名字はありません。知りたければ、誰の子か?と聞くだけです」「じゃあ、スミンって名前はどういう字を書くんだい?」「原住民に文字はありません。名前を書くときは英語でSumingって書きます」。

台湾には紀元前からこの島に暮らす原住民族がいる。現在数えられるだけでもこの小さな島に十一もの部族があり、そのすべてが異なる文化と言語を持っている。とはいうものの、二千三百万人を超える台湾人口に対して、原住民の人口は今やそのたった二パーセントと少ない。

スミンが歌う歌には、山地から都会に出てきた自分の心模様を綴ったものが多い。都会でへこたれずに生きていく強い姿が生き生きと描かれている。自分が原住民であることを部族の言葉で堂々と歌うスミン。それを耳にする台湾人の若者の多くは、歌の意味がわからなくとも、原住民独特の民間伝承なメロディと、その言語のリズムに心を打たれているのだ。僕にしても、スミンの歌を初めて聞いた時、原始的な歓喜がゆっくりと込み上げてくるのを感じた。彼の歌が持つこのちからは一体何だろうと思った。

車は海岸線の道路をまっすぐに走った。ヤシの木の原生林や、小さな集落をゆっくりと通り過ぎていく。信号は無く、たまに野良犬が道路を横切ろうとするのどかな一本道だ。

「おばあちゃんの家に行く前に、おばさんの店に寄りましょう」。スミンは海に面した断崖の上にある海の家へと僕らを案内してくれた。「ここは、台風で流れついた流木を拾い集めて、原住民みんなで作った店なんです」。太平洋が一望できる美しい場所だった。スミンはどこからかギターを持ってきて歌いはじめた。「それは君の歌？」と聞くと「アミ族の歌です」と答えた。その歌声は押し寄せる静かな波音と混ざり合い、海風にふわりふわりと漂いながら僕らの耳に届く。「さあ、みんなで歌いましょう。踊りましょう」。スミンは瞳をきらきらと輝かせて僕らを誘った。空には一番星がきらめいている。僕らは手を取り合い夢中になって歌って踊った。

晩ご飯は富岡漁港でとびきりの魚料理に舌鼓を打った。台東の市街地から車を一時間程走らせ、十一時過ぎに成功村へと到着した。今夜はスミンの祖父母の家に泊まらせてもらうことになっていた。街灯の無い真っ暗闇の山道をそろそろと進むと、ポツンと明かりの点いた家が見えた。車を降りて玄関を開けると、スミンのおばあちゃんは寝ずに僕らを待っていてくれた。

「よくいらっしゃいました。遠慮しなくていいよ」。屈託ない笑顔を浮かべて、おばあちゃんは言った。言葉は日本語だった。日本統治時代、台湾の原住民は日本語を学んだ。そして日本語が公用語となることで、結果的に、それまで皆無だった原住民族間の交流が可能になった。五十歳以上の原住民のほとんどが、今でも日本語を流暢に話せるというから驚く。

おばあちゃんは台所で明日の朝食の下ごしらえをしていた。台所にはアミ族の伝統工芸であるカゴやもち米を蒸す道具などが積まれている。「疲れただろうから早く寝なさい」と部屋に案内されると、部屋の壁にはキリストとマリアの肖像が貼られていた。今やアミ族の多くがクリスチャンだ。横になり、ブーンという扇風機の音を聞きながら目を閉じると、意識はすぐに遠のき眠りに落ちていく。台所から聞こえる、おばあちゃんが野菜を洗う水の音に、旅の安堵を憶えた。

翌朝は六時に目が覚めた。田舎の朝の空気はひんやりとしていて心地が良い。五歳になるスミンの甥っ子が「朝ご飯だよ」と呼びに来た。「おはようございます」。スミン以外の全員が日本語で挨拶をした。

食事は母屋の戸外に置かれた丸いテーブルに用意されていた。いつもなら朝食前に畑に行って野菜を採り、それを料理するらしいが、この夏は厳しい暑さと雨が降らないせいで、野菜がすべて枯れてしまったのだという。それでも朝食はご馳走だった。古代米のもち米にタケノコ、きゃべつのスープ、茹でた豚肉、煮魚と焼き魚、いんげん、シシトウと、どれもがこの土地のものばかりだ。海で獲れる小さな巻き貝は、口につけてチュッと吸って食べるのだと教えてくれた。おじいちゃんがお祈りの言葉を唱えると、テーブルを囲んだ全員で目をつむって祈る。「アーメン」と言ってから皆一斉にもち米を頬張った。おばあちゃんとおじいちゃんは、懐かしむように僕らと日本語でおしゃべりをした。

おばあちゃんの家は山のふもとにある白い小さな家だ。近辺に家はひとつも見当たらない。集落をぐるりと見渡しても目に入るのは林や畑ばかりだ。スミンが山へ行こうと僕らを誘った。山というのはおばあちゃんの家の裏山のことだ。おばあちゃんが今日は暑いからとアイスキャンディを皆に持たせてくれた。「みんなに見せたい景色がある」、スミンはそう言って歩きだした。

夏草の繁った山道を歩きながら、スミンは、これは食べられる、これは食べられないとひとつひとつを教えてくれた。そしてしばらくすると、山道から外れて急な傾斜の草むらをスミンは登り始めた。足元はゴム草履なのにひょいひょいと険しい草むらに分け入り登っていく。いったん離されると歩く道筋がわからなくなるので必死になって歩いた。「おばあちゃんはもっと早く登るよ」。地面に手をつきながら登る僕を見てスミンが笑った。

山の中腹に生えていた木はおじいちゃんがひとりで伐採した。そうしておけば、野生の猿が下りてきて家や畑にいたずらをすることがないのだそうだ。遠くにいた野犬が一緒に登っていた甥っ子を見て吠えた。すると甥っ子も「ウォンウォーン」と吠えた。「こんなところに暮らしているから、甥っ子には友達がいないんだ。彼の友達は犬だけだよ」。甥っ子の頭を撫でながらスミンは言った。彼は犬と会話ができるらしい。

小さな見晴らし台にたどり着いた。木陰には山風がそよいでいた。スミンは枯れ木を持ってきてベンチを作った。「ここからの眺めはきれいでしょう」。遠くにおばあちゃんの家が見えた。集落のすべてが一望できて、もっと先には真っ青なエメラルドの海があった。「あ、あそこに教会がある」と僕が言うと、「おばあちゃんがいつも行く教会です。僕も小さい頃、一緒によく行きました。そこでピアノを習って音楽が好きになったんです」。スミンはアイスキャンディをかじりながら言った。いつまでも景色を眺めているスミンに「この場所が好きなんだね」と聞くと、にこっと笑って嬉しそうにうなずいた。

昼寝から起きると、スミンは籠を編んでいた。籠編みや刺繡はアミ族に伝わる工芸品のひとつである。彼のように原住民族の伝統工芸に興味を持ち、その技術を継承している若者は決して多くない。

「ひさしぶりだから上手にできないなあ……」。そんなことを言いながら、スミンは美しい文様の入ったコップ大の籠を手際よく作り上げた。そして「よかったら、おみやげにどうぞ」と僕に手渡した。お礼を言うと「おじいちゃんはもっと上手だよ」とスミンは照れた。

おばあちゃんが蒸してくれたカボチャをおやつに食べ終わると、スミンはギターを手にして歌い始めた。彼は歌うことを心から愛している。おじいちゃんとおばあちゃんは、戸外に置いた椅子に座って山をぼんやりと眺めている。スミンの歌に合わせて身体を揺らしていると、何もかもがどうでもいいような気持ちになっていった。そして僕はまたうとうとと眠りについてしまった。

日が傾いてきて、おばあちゃんとの別れの時がやってきた。今夜はスミンの中学時代の先生の家に泊まる予定だ。おばあちゃんの手を握って、ひとときの礼を告げると「あなたたちはみんな私の子どもです」と言い、大きな涙を目に浮かべていた。「さようなら」と手を振って僕らは車を走らせた。

スミンの先生の家は都蘭《ドウーラン》という村にあった。その日、先生は留守をするので僕らに家を開放してくれたのだ。「いい店があります」とスミンが連れていってくれたのが、山の中にある月光珈琲だ。そこはペナン族の奥さんを持つ謝さんが営むギャラリーカフェだった。僕はそこで謝さんが編んだペナン族の文様が入った帯を買った。自分にとって一番最初の作品だからと恐縮していたが、夜空のような美しい青のグラデーションが心から気に入って欲しくなった。

夜はスミンが声をかけて、アミ族の青年たちと酒宴を開いた。僕は年下の者から年上の者に酒をついでいく原住民の酒杯の交し方を教わった。そして手をつないで踊るアミ族のフォークダンスを皆と歌い踊りながら楽しんだ。

お酒が尽きる頃、年長のひとりが突然、歌を歌い始めた。すると皆、静かにその声に耳を傾けた。下を向いて目をつむっている者もいる。真っ黒に陽に焼けた頑強な身体とは似つかわしくない繊細で美しい声だった。歌は物語を読み上げるように延々と続いた。

「あんな歌、僕は初めて聴いたよ……」。歌に感激したスミンは帰り道でつぶやいた。

「パイワン族の部落に行ってみよう」。僕らは台東の市街地から南へ数キロ、新園路という部落へと車を走らせた。「TOTEM」のメンバーのチャーマーカーとアシンのふたりが、パイワン族の豊年祭の準備で帰省しているという。「橋を渡るとそこから先は、もうパイワン族しか住んでいないエリアになります。あ、この橋です」。スミンが指差したのはセメントで作られた粗末な用水路の橋だった。「この橋が境界線っていうのが可笑しいです。でも本当なんです」。スミンはクスクスと笑った。

一軒の家の前に車を停めるとチャーマーカーがすぐに道に飛び出してきた。「ナアイホー！」。原住民の挨拶を口にすると、にこにこと笑って僕らを迎えてくれた。新園路は、小道や路地が入り組んだ四ブロックほどの小さな部落だった。住宅はどれもが瓦屋根で日本家屋の趣があった。そして路地の交差する広場には必ずと言っていいほど一本の大きな木が立っていて、その木の下がここに暮らす住民が集まる憩いの場となっていた。

ヒップホップが大音量で鳴り響くほうへ行ってみるとバスケットボール・コートがあった。そこではパイワン族の若者たちが竹を組んで小屋を作ったりと、祭りの準備に汗を流していた。スミンはギタリストのアシンを見つけて僕らに紹介した。「部落を案内してよ」とスミンが言うと、「こんな部落、何にも無いよ。ぶらっと歩けば終りだよ」とアシンは笑った。とはいうものの、この部落には子どもや若者が多く地域全体に明るい活気が溢れている。そして原住民の強い絆によるコミュニティが伝統文化とともに存在しているのが感じられた。

チャーマーカーが特別な場所を一カ所だけ見せてくれた。入り口に伝統的な木彫が施された藁葺き屋根の集会所だ。軒先には、昔、首狩りした頭蓋を置いていた石の棚が置かれている。

「最近おばさんが開いたかき氷屋で、かき氷いかがですか?」。アシンが連れていってくれたのは店というよりガレージの屋台だった。真夏の台東でひと休みと言えば、飽きることなくかき氷である。僕らはすすめられるまま部落の子どもに混ざって、今までになくうまいかき氷を食べた(聞くと部族によって味の調合が違うらしい)。日陰でかき氷は格別の休息となった。いつしか溶けてしまって水になったかき氷を飲み干しながら、台東の美しい夕焼けも今日で見納めだなあと僕は思った。

台湾の喫茶店カルチャーを発見。台北の街を歩いていて、気がつくのは街のあらゆるところに喫茶店が建ち並んでいるということだ。どの店も朝から晩まで客でにぎわっている。「台湾人は喫茶店が大好き。何かと言えばすぐに喫茶店でまったりしている」。そう話す台湾の友人の言葉も素直にうなずける。外は暑いので、さすがにパリのようなオープンカフェは見当たらないが、そのパリに負けじと、台湾の喫茶店は人々の暮らしに溶け込んでいる。ということは、パリのドゥ・マゴやカフェ・ド・フロールのような由緒正しき歴史を誇るカフェが台湾にもあるのだろうか。

たとえば台北駅の南側、武晶街にある明星珈琲館だ。創業は一九四九年。おそらく台湾で最古の店である。当時の国民党政権とともに台湾に渡ってきたロシア人がオープンし、台湾の文学者、詩人、学者らが集った文学サロンというから驚かされた。その歴史はまるでサンフランシスコのカフェ・トリエステのようだ。店内の雰囲気は、古き佳き昭和の喫茶店そのものである。レトロと言ってしまえばそれだけだが、いたって普通の落ち着きのある喫茶店というのが本当だろう。普通であることを有り難がる今の日本人にとって、ここは格好の旅の足休めの場所になるはずだ。

南天書局を訪れた。数日前、スミンが連れていってくれた台東大学の原住民族研究室で閲覧した中に『台湾蕃族図譜』という一冊があった。それは明治時代に日本人が撮影した台湾原住民族の写真集だった。あまりの素晴らしさに感激し、何とかしてその一冊を手に入れたくなって出版社の名をメモしておいたのだ。その出版社の名が南天書局であり、台北の住所を友人が調べてくれた。

南天書局は、台湾研究を専門とする小さな出版社だった。『台湾蕃族図譜』の在庫を聞くと、絶版書だが幸運にも一冊だけ在庫が残っているという。僕は大いに喜んだ。本棚に目をやると、日本語で書かれた『パイワン伝説集』、『リボク日記』(アミ族の宣教師の日記)といった貴重な本も発掘できた。さらに、中国文化の叢書で名高い「漢聲雑誌」のバックナンバーが豊富にあり、思わず小躍りしてしまった。「漢聲雑誌」は今、僕が一番収集しているアートブックである。

両手で持ち切れないほどの本を買った僕は大満足だった。そのまま近くの喫茶店へ行き、買った本を広げ、ゆっくりと堪能したくて仕方がなかった。それはパリやニューヨークやサンフランシスコや東京においても同様の、とびきりのひとときである。まさか台湾でそれを味わえるとは思ってもいなかった。

旅先で一番最初に探すのは、居心地の好いカフェである。

朝から晩まで、何をするでもなく、ただただぼんやりとひとりで時間を過ごせるカフェを、宿泊するホテルの近くに見つけられたら幸福である。そんなカフェへは朝昼晩、毎日でも通いつめる。そして、そこで働く人や常連さんたちと言葉を交し、土地のあれこれを聞いたり、他愛ないおしゃべりをしたり、出会ったり別れたりをくり返す。それが店の人であろうと、美味しいものを「美味しい」と言えたり、「おはよう」「こんにちは」「おやすみなさい」と言える相手がいるだけでどんなに旅の毎日が嬉しいだろうか。

台湾にもそんなカフェがあるだろうと思って随分と歩き回った。しかし、なかなか見つけられなかった。ある日「どこかにいいカフェはないかなあ……」と台湾人の友人に聞くと「私の奥さんが働いているカフェに連れて行きましょう」と誘われ

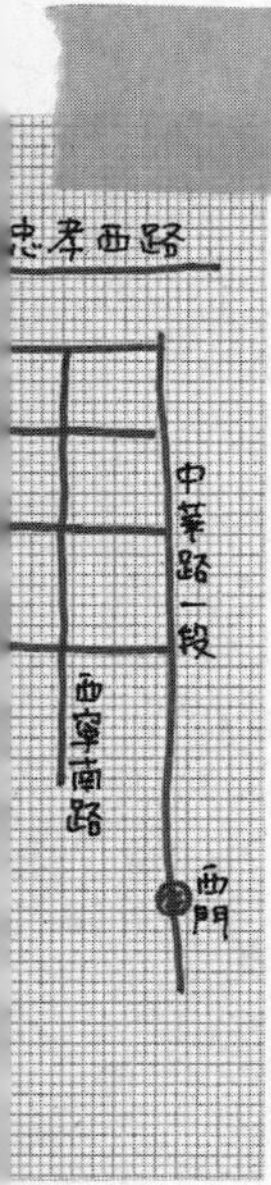

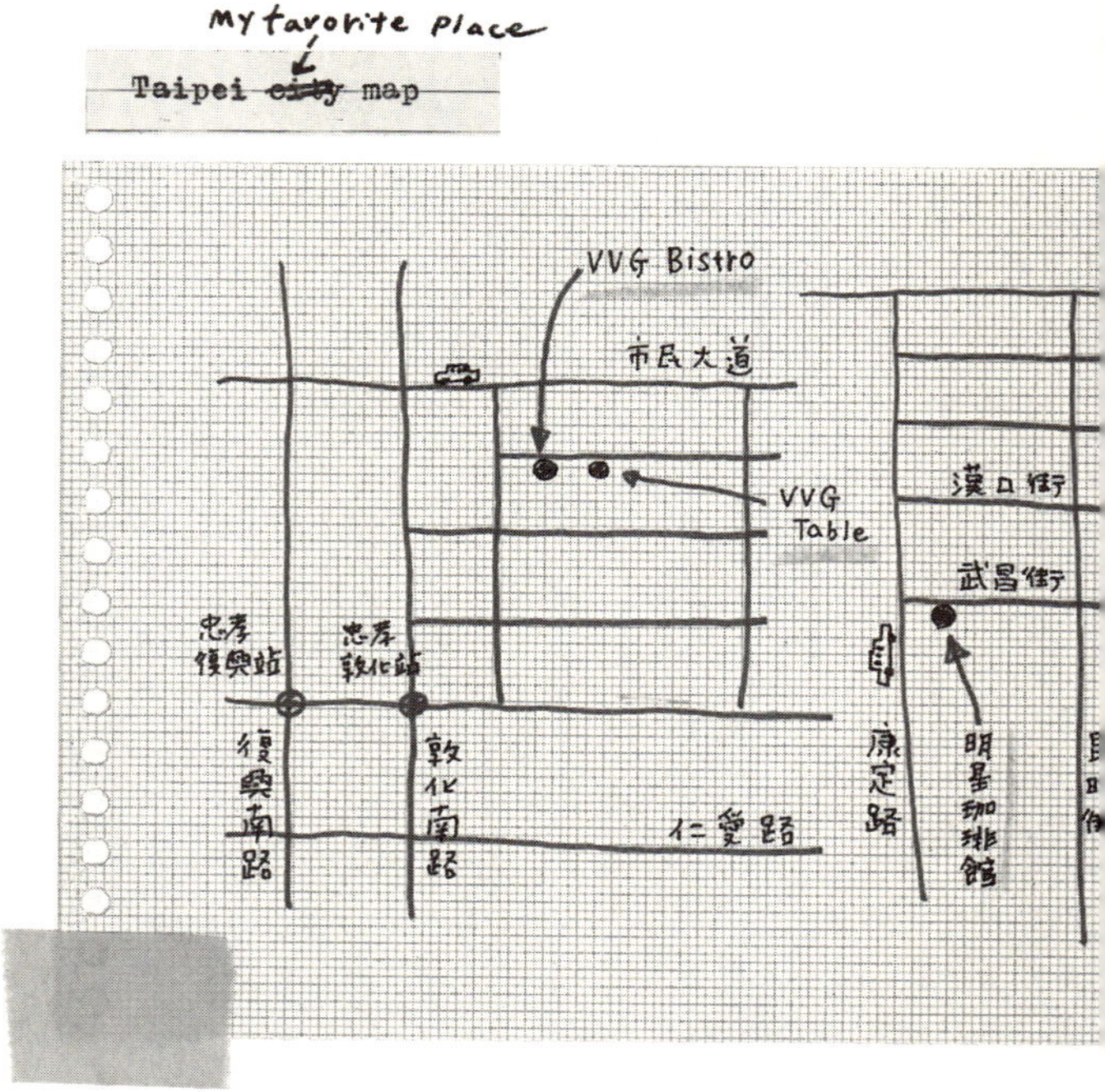
My favorite place
Taipei city map
VVG Bistro
市民大道
VVG Table
漢口街
武昌街
忠孝復興站
忠孝敦化站
復興南路
敦化南路
仁愛路
康定路
明星珈琲館

た。カフェの名前を聞くとベリー・ベリー・グッド・ビストロと言った。その名を聞いた途端、「僕が探していたのは、そこだ！」と直感できた。

ベリー・ベリー・グッド・ビストロは、忠孝東路の路地にひっそりとあった。知らなければ通り過ぎてしまうような、まるで誰かの家のような佇まいである。草花が植えられた小さな庭の階段を上がってドアを開けると、大きな窓に面したオープンキッチンが目の前に現れる。その横を通って、ひとつひとつが不揃いの椅子やソファに腰を下ろすと、誰もが自然と落ち着いてしまう優しい雰囲気に包まれていた。それはそこで働くスタッフのさわやかな笑顔と店内に広がる適度な自然光のせいであろう。「もっと早く来たかった……」それが僕の第一声だった。

みんなで食事をするのが大好きな仲間が集まって生まれた店がベリー・ベリー・グッド・ビストロである。台湾を旅する人は、まずはここを訪れるといい。そして、香り高い珈琲を飲み、美味しい料理を食べ、きびきびと働くスタッフと出会うといい。毎日の朝昼晩ここにいれば、旅はおのずと至福に満たされる。僕はそう太鼓判を押したい。

London

ブリックレーン ロンドン　UK

目を覚ますとカーテンの隙間から、絵筆で線を引いたような朝の光がベッドに七色の模様を描いていた。まぶしさに耐えきれず寝返りをうって枕に顔を埋めると、ほのかにユーカリの香りがした。うたた寝しながら天窓を見上げると、ロンドンの空は真っ青に晴れている。雲ひとつない青空の高いところを、小さくなったジェット機がすーっと横切っていった。

熱いシャワーを浴びてから、一階のリビングに降りると朝食が用意されていた。ロンドンの宿泊はベーカー・ストリート近くのB&Bを選んだ。「おはよう」。ここで働くマディーナという名の女性が優しく迎えてくれた。「おはよう」と返してテーブルにつく。数種類のパンとジャム。ヨーグルトやシリアル、フルーツなどがテーブルに置かれている。マディーナは湯気の上がったコーヒーをマグカップにたっぷりと注いで、ぼくの前にコトンと置いた。「ご機嫌いかが?」。静かな朝。英語では当たり前の挨拶でも、旅先で突然誰かからそう声をかけられると不思議と心があたたまって嬉しくなる。とはいえ照れ臭くて「はい」と答えるのが精いっぱいだ。「そう、よかったわ」。マディーナは僕の肩をそっと抱くようにしてつぶやいた。「どこから来たの?」「東京……」「旅してみたいわ東京に……」。マディーナは目を細めて窓の外を見つめた。彼女の故郷はどこだろう。名前からするとアラブ系だろうか。ふたりして窓の外をぼんやりと見つめていると「チン」と音がして、焼き上がったパンがトースターから飛び上がった。その音で僕らは我に返り、静かに微笑み合う。ロンドンの幸福な朝。さあ今日は歩くぞ。

ロンドン一うまいと言われているブリックレーンのベーグル屋は町の名所になっている。そのブリックレーン・ベーグルは繁華街から離れた、レンガ造りの建物に挟まれた小さな店だ。いつ行っても行列ができている。そして二十四時間営業。夜中や朝方に、焼きたてのベーグルが食べられるなんて嬉しい限りだ。ベーグルから上がる湯気で店のガラス窓は曇っている。ニューヨークでは、毎朝ウエストサイドのH&Hでベーグルを買って食べていたのが懐かしい。

さて、何を選ぼう。シナモンレーズンかセサミか。注文する番になってメニューを見るとベーグルとしか記されていない。「ベーグルの種類は？」と聞くと「プレーン、一種類よ」とカウンターの中で忙しく働くおばさんは言った。「ふたつください……」。仕方なくそう注文した。ブラウンバッグに無造作に入れられたベーグルはころんと小さく、手に持つとぽかぽかと温かった。ふたつで三〇ペンスとなぜか大変に安い。後ろに並んでいた若い女性の注文を聞いてみる。中身をあれこれと選んでサンドイッチを注文している。そうか！ ここではベーグルをサンドイッチにするのが常なのだ。

並ぶ人が途切れたすきに「あの……これをサンドイッチにしてください。えーと……トーストしてから、レタスとトマトとピクルス、チーズをはさんでください。あとマヨネーズも……」。おばさんはカウンターに置いた僕のブラウンバッグをそのままにして、新しいベーグルで注文通りのサンドイッチを作ってくれた。はい、と手渡された作りたてほやほやのサンドイッチをすぐに頬張った。まわりはサクサクして香ばしく、中身はもっちりふかふかしたベーグルが実にうまい。新鮮な野菜の絶妙な歯触りがたまらない。「おいしいなあ……」。僕の顔を見て、おばさんはうなずいて微笑んだ。「世界一のベーグルかもね」。そう言うと「それは嘘だわ、嘘つき！」と大笑いされた。ロンドン一うまいベーグルはサンドイッチで食べる。大発見である。

誰かに連れられて歩くことほど不幸なことはない。

その先に何があるかわからなくとも、行く道は自らが選んだ方角を歩んでいきたい。気の向いた駅で降りて、目の前の道をどこまでもまっすぐ歩いてみる。匂いや人の気配の変化に気づき、道が曲がりくねり始めたら大抵そこが街のはじっこだ。そしてまた歩く歩く。横丁を抜けてみたり、あっちへ曲がったり、こっちへ曲がったりして、どんどん迷ってみる。そうやって思いのままに一日歩いてみると、いつの間にか出発した駅に舞い戻っていたりするものだ。町のスケールさえわかってしまえば、あとはどこを歩いても発見し放題。そのことを、僕は今回ロンドンを歩き回ってあらためて学んだ。

イーストエンドのブリックレーン。現在この街のマジョリティは、バングラデシュからの移民だ。その昔、一六世紀にはフランスのカルヴァン主義者の避難所となり、ユグノーと呼ばれるフランス人プロテスタントが住みついた。町を貫くコマーシャル・ストリートには歴史を物語るホークスムーア教会が建っている。一八世紀に建てられた当初は、ユグノーのプロテスタント教会だった。その後、アイルランド人のメソジスト教会になり、そしてユダヤ教会となった。この教会は、時代と人種の移り変わりによって変化する不思議な存在である。その自由さが移民の町の魅力とも言えよう。

ブリックレーン、ロンドンの今の魅力を散策するにはうってつけの町だ。家賃が安いから若いアーティストたちが移り住んでいる。ローカル色豊かなショップやレストランもあちこちに軒を並べ、気取りのない居心地の良い店がいくつもあった。なによりも一番の魅力は食事に困らない町であること。バングラ・カレーに舌鼓を打つこと間違いなし。

今日もブリックレーンを歩く。リバプール・ストリート駅から、スピタルフィールドの路地裏を抜けながらそぞろ歩く。今日は日曜日なので露店が並ぶ大きなマーケットが開かれている。まるでアメ横のような雰囲気だ。あらゆる人種がさまざまな物を持ち寄って店を開くのだ。それを横目に、古いカフェやパブが建ち並ぶブラッシュフィールド・ストリートをぶらぶらと歩き、コマーシャル・ストリートの信号を渡る。ここからがブリックレーン地区である。

最近は古着屋やレコード屋、セレクトショップなどがぽつぽつとオープンし、感度の高い若者たちが集まっている。ブリックレーンで一番好きな店は?と聞かれて、すぐに思い浮かぶのが、プリンスレット・ストリートにあるストーリー・デリというカフェだ。

一見、製粉所もしくは小麦粉倉庫かと見違えてしまうのは、店の中に小麦粉の袋が山積みされているから。店内には、アンティークのチョップ・テーブル（肉屋のまな板テーブルのこと）がいくつも置かれ、センスの良い道具類が無造作に飾られている。壁には大きな鏡がたくさん立て掛けられ、客は段ボールでできた簡易スツールに腰掛ける。飲み物以外にもサラダやピザといったフードメニューがあり、それらは二階のキッチンで調理され、運ばれる。いたって開放的でナチュラルなカフェだ。ちなみにスイーツやフードはお皿ではなく、まな板や木の板に盛られるのもこのカフェの特徴である。

以前、真夏の暑い日に訪れた時、トップレスの若い女性が美味しそうにサラダを食べている姿を見たのもこのカフェだった。その姿はとても自然で美しかった。

旅する者にとってロンドンは迷路のような所だ。とにかく通りの名前がブロックごとに変るので、複雑なのだ。馴れてしまえばこの方が便利なのかもしれない。でもまっすぐ歩いているだけで道の名前がどんどん変っていくのには、さすがに戸惑ってしまう。この複雑な通りのせいで、ロンドンでタクシードライバーのライセンスを取得するのは困難極まりないのだそうだ。

これから訪ねるホワイトチャペル・ギャラリーは、労働者の町イーストエンドに住む人々にアートの場を提供しようという試みで建設された美術館である。リバプール・ストリート駅から歩いたが、気がついたらテムズ川まで出てしまった。引き

返す途中に、クリストファー・レンという一七世紀の有名な建築家が手がけた巨大なモニュメントに出くわし驚かされた。ビジネス街のビル群の間に突然、高い塔がそびえ立っていた。

ギャラリーは、オルドゲート・イースト駅の横にあった。大きくもなく小さくもない心地よいスペースである。入場料無料（ロンドンの美術館では当たり前）。現代美術の展示やイベントが開かれ、二階のカフェでは定期的にライブなども行なっているという。常に空いているセルフサービスのカフェは穴場である。その窓から、本屋を兼ねたフリーダム・プレスという名の出版社が隣に見えた。気になったので外に出てから探してみたが、見つけられなかった。隣のビルの一角でさえ、思うようにたどり着けないのだ。これがロンドンなのか。愉快で仕方がない。

ピンク色の模様が描かれた頭骸骨がショーウインドウに飾られていた。近寄って見たら、若いアーティストの作品だった。ショップの中をのぞくと、美しいレースのリボンを飾り付けたカラスの剝製なども置かれている。この不思議な洋服屋の名はルナ&キュリアス。ドアを開けると店員の女性が気さくに挨拶してきた。ほとんどがレディースなのだが、店の奥にはメンズもわずかに揃えている。そしてさまざまなアート作品があちこちに置かれている。

小さな店だが、あるものひとつひとつに卓越したセンスが溢れていて、思わず宝探しをしたくなる店だった。店員に聞くと、ここは一年前にオープンしたばかり。八人のクリエイターの共同経営によるセレクトショップだという。どうしてブリックレーンにオープンしたの？とたずねてみると、「ここはまだ家賃が安いから。そしてこの街は私たちの感性に近いのよ」と店員は言った。家や工場、木や草花、人の顔の描かれた、てのひらサイズのブロックの作品に魅かれて手にすると、「それはアレックス・ヒグレットというアーティストの作品よ」と教えてくれた。どこかで聞いたことのある名だと思ったら、つい一カ月前に、友人の子どもにプレゼントするのに選んだ絵本の作家だったと思い出した。『Egg and Bird』という小鳥と卵のユニークな物語の絵本だ。「絵本を描いてるアレックス・ヒグレットですか？」と聞くと、「そうよ、その彼よ」と店員は笑って答えた。

ブロックは、ほんの小さなものだがひとつ二〇ポンド。しかしどれもがたまらなくキュートだ。たくさんある中から五つを選ぶと、「これは今日、飾ったばかりだから、あなたはラッキーね」と店員は包みながら言った。まさかブリックレーンで宝探しが味わえるとは思っていなかった。ルナ&キュリアスは本当は人に教えたくない店のひとつだ。

ロンドンの古本屋はいかがなものか?とよく聞かれる。正直言って、ロンドンの古本屋のことはあまり知らない。十軒ほどの絶版写真集専門店とアートブックストアくらいだ。新刊書店で『ロンドンの本屋ガイド』を売っていたので古本屋のページをめくってみると、新刊書店に比べてほんのわずかしか紹介されていなかった。ということは、東京やパリに比べてやっぱりロンドンには古本屋の数が少ないのかもしれない。

ライオンで有名なトラファルガー広場から、チャーリング・クロス・ロードを上がると、すぐにセシル・コートという横丁がある。ロンドンの古本街と言えば、ここがそうだ。百メートル程の横丁におよそ二十軒ほどの古本屋と数軒のアンティーク屋が、両脇にずらりと並んでいる。古本好きなら、おそらく半日は退屈しないだろう。

セシル・コートに一軒だけ贔屓の店がある。レッド・スナッパー・ブックスとい

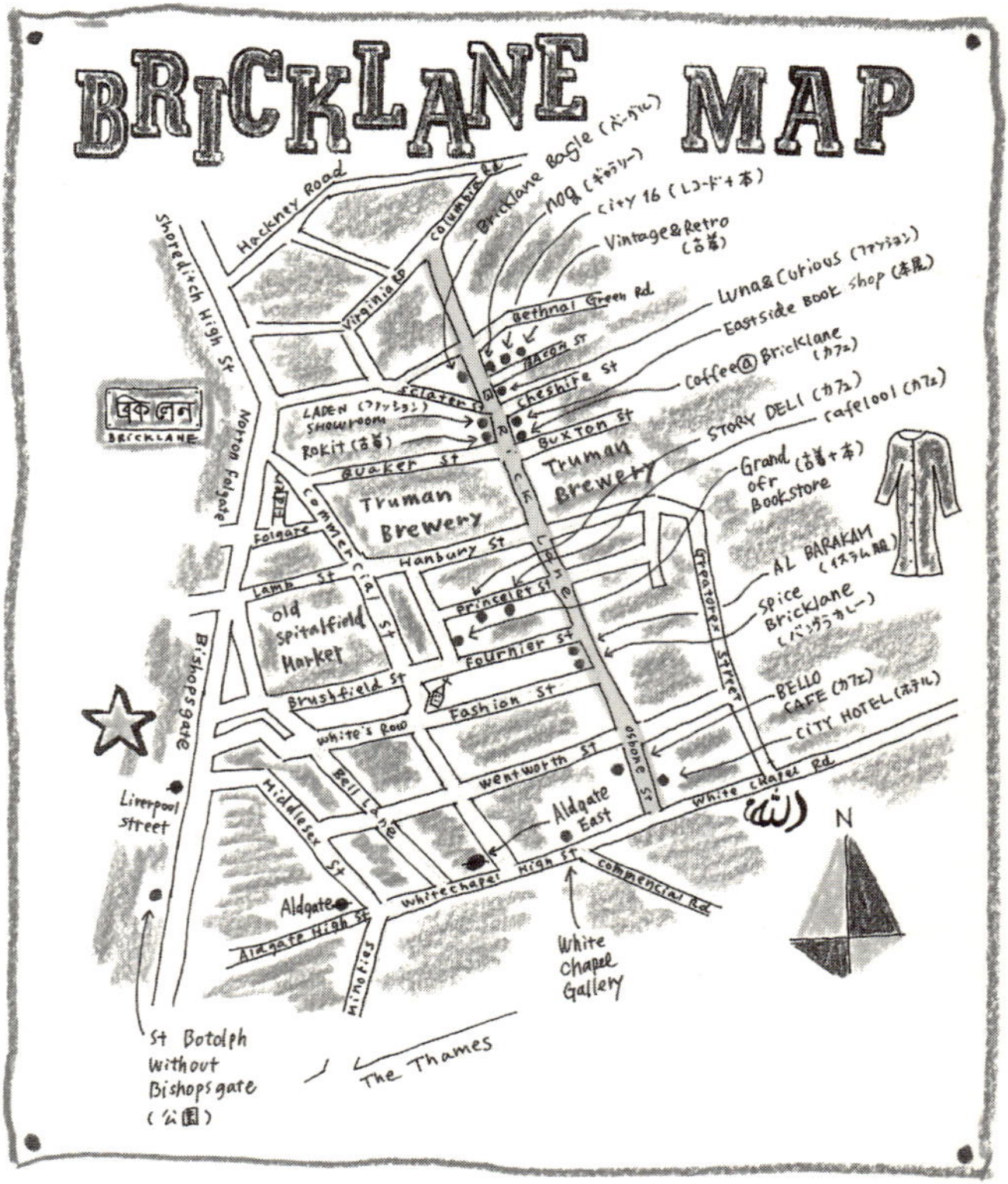
BRICKLANE MAP
Bricklane Bagle (ベーグル)
nog (ギャラリー)
city 16 (レコード＋本)
Vintage&Retro (古着)
Luna&Curious (ファッション)
Eastside Book shop (本屋)
Coffee@Bricklane (カフェ)
STORY DELI (カフェ)
cafe1001 (カフェ)
Grand ofr Bookstore (古着＋本)
AL BARAKAM (イスラム服)
Spice Bricklane (バングラカレー)
BELLO CAFE (カフェ)
CITY HOTEL (ホテル)
LADEN SHOWROOM (ファッション)
Rokit (古着)
Hackney Road
Columbia Rd
Virginia Rd
Shoreditch High St
Bethnal Green Rd
Bacon St
Sclater St
Cheshire St
Buxton St
Quaker St
Norton Folgate
Folgate
Commercial St
Truman Brewery
Truman Brewery
Hanbury St
Lamb St
Princelet St
Fournier St
Brushfield St
Fashion St
White's Row
Wentworth St
Osborne St
Greatorex Street
Brick Lane
Old Spitalfield Market
Bishopsgate
Liverpool street
Bell Lane
Middlesex St
Aldgate East
Aldgate
Aldgate High St
Whitechapel High St
White chapel Rd
Commercial Rd
Minories
White Chapel Gallery
St Botolph without Bishopsgate (公園)
The Thames
BRICKLANE
N

う小さな古本屋で、アーロンという青年が切り盛りしている。この店の専門は、ギンズバーグやケルアックといったビートニク作家の作品群。そして六〇年代のグラフィック・デザインやアヴァンギャルド・アート、絶版写真集である。ロンドンの古本屋では、最近になって六〇年代ブームが訪れ、アーロンがセレクトするような本や作品が高騰しているのだ。アメリカのヒッピー・ムーブメント関係の本などは特に人気が高い。「カウンターカルチャーが再評価されているのさ」。アーロンは僕に言った。ロンドンで君の好きな本屋はどこ?と聞くと、「ロンドンには無いね。強いて言えば、ブリックレーンにあるイーストサイドという本屋。あそこはローカルなアーティストや、あのエリアに関する本を集めている。いい本屋だよ」と教えてくれた。「ブリックレーンのイーストサイドは昨日行ってきたよ」と言うと、アーロンは笑って握手を求めてきた。「あそこはいい本屋だ!」アーロンはもう一度言った。

201 London

あとがき

二〇〇五年からおよそ二年間、雑誌「COYOTE」で連載した、文章と写真による紀行エッセイ「グッデイ！」を一冊にまとめることになった。副題に「地図は自分で歩いて作る」とあったように、この連載の目的は、好きな街を歩きながら、自分だけの地図を作るというものだ。旅の地図は買って手に入れるのではなく、自分で歩いて作る。そんな自分だけの地図を、いくつも手に入れることができたら、どんなに嬉しいかとおもった。

ガイドブックやインターネットを使わず、旅の情報をほとんど持たずにその街を訪れ、一時間も歩けばひと回りできるような狭いエリアを何日もかけて歩き、見たこと、感じたこと、聞いたこと、出合ったこと、観察したことを、地図に描き、文章に残した。共に歩いた写真家の若木信吾さんは、同じように自分の目に映ったも

のやことを、彼らしいまなざしでつぶさに撮影した。ここでの文章と写真の関わりを言葉にするのはかんたんではない。描かれた文章の補足や説明をするために写真があるのではないからだ。いうならば、物書きは文章によって心象や情景の描写を、写真家はカメラで自分の目の体験を定着するべく努めた。旅先の街がふたりの著者によって違う手段で表現されたものが「グッデイ！」である。

一日の過ごし方は、共にとる朝食の時間を決めるだけ。それ以外は自由である。読書をしようと、寝ていようと、買い物にでかけようと、友だちに会おうと、なんら互いを干渉することなく過ごした。とはいうものの、たいがいは一日をふたりで歩き通した。カフェや本屋やギャラリーといったリストを現地で作り、それを全部、一番わかりにくいものまでを訪ねてまわった。わかりにくい店や場所を、時間をかけて探すのがふたりは好きだった。それよりも大きな楽しみだったのは、その街の古い地区を探訪することだった。新しくてにぎやかな場所を避けて、人気の少ない横丁や小道ばかりを歩き、壁に貼られた色のあせたポスターや看板、あるいは名も無き古い建築物のたたずまいに心をおどらせ、そういう街に住む人々の暮らしを覗き見た。そんなふうにふたりは街そのものに恋をするように歩き通した。

ドアを一歩出れば旅である。そう思うと、暮らしというのは、旅によってできているなあ、とわかる。遠かろうと近かろうと、旅であるか否かには関係がない。歩いて、見て、聞き、感じ、出合い、観察するという意識を常に働かせること。それは普段、自分たちの日々の暮らしそのものを、豊かにする工夫の基本でもある。旅に種類があるとしたら、どこか空間に向かうものと、時間に向かうものの違いくらいだろう。ここにまとめた記事は、その両方の旅が内包されているとおもう。

旅の楽しさは何か。それはほんのちょっとでも未知の場所に動けば、そこには必ず輝きが瞬いているということだ。その輝きを美しいものとして、ひとつひとつ自分で拾い集めていくこと。そんなちいさな輝きの美しさが、本書を読んでいただく方々に届けば嬉しくおもう。タイトルは「グッデイ！」を改め、ふたりがいつも言葉にしていた「居ごこちのよい旅」にした。

連載終了後、この文章と写真と地図を一冊にまとめようと一度は考えたが、なかなか実現できずにいた。しかし、このたび筑摩書房の大山悦子さんの尽力によって、こうしてすてきな本としてまとめられたことを心から嬉しくおもう。関係者のみなさまにも、心より感謝をしたい。ありがとうございます。

旅に出かける若い人が少なくなったと言われている。最後にひとつの言葉を記しておきたい。「若き日に旅をせずば、老いての日に何をか語る」。

ふたりで歩いた『居ごこちのよい旅』——文庫版あとがきにかえて

地図は、売っているものを買うのではなく、その土地を歩いて自分で作る——十代の終わりから、旅をし始め、その都度、旅先で手に入れた地図を持って歩いていたある日、ふとそんな思いが心の奥から湧いてきて、持っていた地図を投げ捨てた。他人が作った地図を頼りに歩いて、何が面白いのかと思った。誰もが目印を同じにした、そんな旅や、歩き方に退屈していたのだろう。人と違った景色を見たい。他人にとってどうでもいいものが自分にとっては宝物になることもある。その宝物をひとつも見過ごしたくないという気持ちが強かった。

自分の足で歩き、自分の目で見て、自分の肌で感じた、自分だけの地図を作り、それを持って、どこまでも歩きたい。そこで出会うものと向き合いたい。何かを頼ることなく、本当の意味での旅の仕方を知りたかった。

地図なんて無くても大丈夫。砂漠やジャングルを歩くのなら話は別だが、僕が旅する町は迷っても生死に関わる心配はないだろう。自分の嗅覚を頼りに方角を決めて、迷うことを前提として彷徨《さまよ》うようにそぞろ歩く。まずは迷うことから僕の旅はすべてが始まっていく。

ある意味、無駄で無謀で、風に吹かれてふわふわと流される風船のような流儀が、「旅行」ではなく、「旅」という捉えようのない日常に実感を与え、その意味を確かなものにしてくれるのだ。

旅先では何もしないに限る。利口になってはいけない。賢い旅をしてはいけない。ただひたすら歩き、地図を作る。『居ごこちのよい旅』は、そんなふうにして出来上がった。

旅のはじめ、たしかサンフランシスコのダウンタウンにあった日当たりのよいカフェで午後を過ごしていたとき、一緒に旅をした写真家の若木信吾がつぶやいた話を強く覚えている。高校を卒業して、ニューヨークのロチェスター工科大学に留学した彼は、はじめて浜松の親元を離れ、独りで大学の寮に入った。二段ベッドのある部屋をあてがわれ、そこで暮らすことになったのだが、ベッドには底板がむきだしのまま何も敷かれてない。アメリカ人は、こんな硬い寝床で寝ているのかと呆れたと言う。部屋には彼ひとりだった。

何日か経ってから、板ばりのベッドで寒さに耐えながら丸くなって寝ている彼を見た同級生は驚いて、「日本人はマットやブランケットを使わないのか」と聞いた。「そんなことないよ。ベッドに何も無いから、アメリカ人こそ何かを敷いたり、かけたりしないのかと思った」と答えると、「必要なものは自分で買って揃えるんだ」と同級生に笑われた。

その時彼は、アメリカでは、誰かの親切を期待していても駄目で、他人を頼らずどんなことも自分で動かない限りは何もできないと思った。何でも用意されてあたりまえの日本人特有の甘えた気分が打ちのめされた。もじもじして困っていても誰にも相手にされないと、この時、彼は肝に銘じたと言う。

ベッドが硬ければ硬い、寒ければ寒いと、声高に文句を言って、はじめて必要なことを手にできると彼は学んだ。こんなエピソードをゲラゲラ笑いながら、あっけらかんと話してくれた。

この話を聞いた時、幾多の無知や失敗を重ねて海外で暮らしてきた自分の経験と重なり、言葉でうまく表せない共感を抱いた。そして、これから先、彼と一緒に旅が出来たらいいなと思った。

たったひとりで外国に渡り、自立しながら暮らしていく術を一から学んできた彼と方々を歩けたら、自分で地図を作るという旅はもっと面白くなるだろう。きっと彼も、売っている地図よりも、自分で作る地図のほうが役に立つし面白いに決まっていると思うに違いない。

サンフランシスコのノースビーチ、バークレー、ブリムフィールド、ニューヨーク、ハワイ島のヒロ、パリ、ロサンゼルス、バンクーバー、中目黒、ロンドン、台湾の台北と台東。地図を持たない二人の旅はおよそ二年続き、僕はエッセイと地図を描き、彼は写真を撮った。

この旅で学んだことは、何を見るかではなく、何が見えてくるかということがどれだけ重要かということだ。居ごこちは最高によかったことは言うまでもない。

解説

松浦さんと歩いて

若木信吾

松浦さんとの旅の思い出で印象に残っていることは山ほどあるが、なんといっても余白が多いことが特徴的なんだと思う。一日に一時間くらいしか会わなかった日もあるくらい、余裕のある時間配分だった。一緒に行動するときは特に誰に会うともどこに行くとも知らされず、僕は松浦さんの後をついていくことが多かったが、そのうちバラバラに歩き始めてしまう。それはそれぞれが自分の感覚で旅先のエリアを自分のものにする作業だ。松浦さんは地図を作るために立ち止まり、僕は写真を撮るために立ち止まる。そしてまたどちらかが先に行く方に追いつき、他愛のないことを話しながらふたりで歩き出す。

旅と仕事をつなぎ合わせるのは実はとても難しいことだ。旅情を味わう暇もなく取材に明け暮れるスケジュールを旅先で過ごすという、いわゆる旅ページの仕事の矛盾を最初からわかっていた松浦さんは徹底的にそうしなかったし、カメラマンである僕にも何も伝えなかった。その結果、滞在先がどこであっても僕は多くの時間を自分の見たいものを見ることに費やした。それでもあり余る時間を松浦さんに人生の悩みを聞いてもらったり、買い物に明け暮れたり、仕事ではなく、人生の肥やしになるようなことに費やした。そう、本当にこの旅ではよく買い物をした。そして支払いは必ずと言っていいほどギャラの額を超えていた。何十冊もの本、お土産屋の置物からギターまで、帰ってくるたび担当編集者に「今回は何を買ったの」と聞かれるほどだった。今になってもその買い物については後悔することはない。それらは今でも棚の上や窓辺に飾ってあり、その頃の出来事を昨日のことのように思い出す引き金の役割をしているからだ。

旅先での時間の余裕もさることながら、余白という意味ではその旅が引き出した伸びしろの長さといったらその後の僕の十年を費やすくらいあった。つまりこれらの旅がきっかけで始まったプロジェクトが今でも続いているということだ。浜松で書店を開くきっかけも旅先で訪れたさまざまな書店の姿を見ることができたからだし、のちに作ることになったスミンのドキュメンタリー映画もこの旅での出会いがあったからだし、ハワイ島のヒロであったデイヴィッドとは数年後彼の家に泊まりに行ったりして今でもクリスマスには連絡を取り合っている。これらの出会いはあらかじめ決められた取材がきっかけではなく、旅の居心地の良さが生み出した心の余裕がお互いのさらなる深い交流を求めたからだと思う。ちなみに旅の後に起こったこれらの出来事に松浦さんはほとんど関わることがなかったし、松浦さんがこの旅から広げていったさまざまなつながりに僕が関わることもなかった。旅の生み出した余白にそれぞれが自分の地図を描いていった。

その後ひとりで旅をしたり、別の旅の取材で海外へ行くこともよくあったが、そこにいなくても松浦さんのことを考えてしまうことが多かった。松浦さんならこうするだろうなとか、松浦さんだったらこっちの店じゃなくてあっちの店に入るだろうなとか。僕にとってこのふたり旅の影響力は計り知れない。連載中、日本で松浦さんに会うことはほとんどなかったし、その後も一年に一度会うか会わないかという付き合いなのに、これほど自分のなかに松浦さんが浸透しているのを考えると、とても不思議だ。人生の先輩のひとりとして名前を挙げるとしたら必ず松浦さんの名前が浮かぶだろう。人生にはそういう先輩が必要だ。これから旅をしてみようとする人がいたらこの本がその役割をしてくれるだろう。どこへ出かけようがいい方向に導いてくれるだろう。旅の名著としてこの本は読み継がれていくだろう。

本書は二〇一一年三月一〇日、小社で刊行された作品を編集し直したものである。

Land Land Land　岡尾美代子

旅するスタイリストは世界中でかわいいものを見つけます。旅の思い出とプライベートフォトをA(airplane)からZ(zoo)まで集めたキュートな本。

わたしの日常茶飯事　有元葉子

毎日のお弁当の工夫、気軽にできるおもてなし料理、見せる収納法やあっという間にできる掃除術など。これで暮らしがぐっと素敵に！　（村上卿子）

ちゃんと食べてる？　有元葉子

元気に豊かに生きるための料理とは？　食材や道具の選び方、おいしさを引き出すコツなど、著者の台所の哲学がぎゅっとつまった一冊。　（高橋みどり）

くいしんぼう　高橋みどり

高望みはしない。ゆでた野菜を盛るくらい。でもごはんはちゃんと炊く。料理する、食べる、それを繰り返す、読んでおいしい生活の基本。（高山なおみ）

酒のさかな　高橋みどり

ささっと切ったり合わせたり、気のきいた器にちょっと盛ればでき上がり。ついつい酒が進む、名店「にぼし」店主・船田さんの無敵の肴98品を紹介。

イギリスだより　カレル・チャペック旅行記コレクション　カレル・チャペック　飯島周　編訳

風俗を描かせたら文章も絵もピカ一のチャペック。イングランド各地をまわった楽しいスケッチ満載で、今も変わらぬイギリス人の愛らしさが冴える。

スペイン旅行記　カレル・チャペック旅行記コレクション　カレル・チャペック　飯島周　編訳

描きたいものに事欠かないスペイン。酒場だファサードだ闘牛だフラメンコだ、興奮気味にその楽しさを語りスケッチを描く、旅エッセイの真骨頂。

北欧の旅　カレル・チャペック旅行記コレクション　カレル・チャペック　飯島周　編訳

そこには森とフィヨルドと牛と素朴な人々の暮らしがあった。デンマーク、ノルウェー、スウェーデンを鉄道と船でゆったりと旅した記録。本邦初訳。

オランダ絵図　カレル・チャペック旅行記コレクション　カレル・チャペック　飯島周　編訳

そこにあるのは、水車、吊り橋、ボート、牛、そして自転車。ヨーロッパの中の小さな国に、チャペックが大きな世界と民族を見る見聞記。

玉子ふわふわ　早川茉莉　編

国民的な食材の玉子、むきむきで抱きしめたい！　森茉莉、武田百合子、吉田健一、山本精一、宇江佐真理ら37人が綴る玉子にまつわる悲喜こもごも。

なんたってドーナツ　早川茉莉編
貧しかった時代の手作りおやつ、日曜学校で出合った素敵なお菓子、毎朝宿泊客にドーナツを配るホテル、哲学させる穴……。文庫オリジナル。

諸国空想料理店　高山なおみ
注目の料理人の第一エッセイ集。世界各地で出会った料理をもとに空想力を発揮して作ったレシピ。よしもとばなな氏も絶賛。（南椌椌）

遊覧日記　武田百合子　武田花・写真
行きたい所へ行きたい時に、つれづれに出かけてゆく。一人で。または二人で。あちらこちらを遊覧しながら綴ったエッセイ集。（巖谷國士）

英国セント・キルダ島で知った何も持たない生き方　井形慶子
イギリス通の著者が偶然知った世界遺産の島セント・キルダでの暮らしと社会を日本で初めて紹介。実在した島民の目を通じてその魅力を語る。

イギリス人の知恵に学ぶ「これだけはしてはいけない」夫婦のルール　ブランチ・エバット　井形慶子監訳
一九一三年に刊行され、イギリスで時代を超えて読み継がれてきたロングセラーの復刻版。現代の日本でも妙に納得できるところが不思議。

よみがえれ！　老朽家屋　井形慶子
吉祥寺商店街近くの昭和の一軒家を格安でリフォーム、念願の店舗付住宅を手に入れるまで。住宅エッセイの話題作、ついに文庫化！

東京吉祥寺田舎暮らし　井形慶子
愛する英国流生活の原点は武蔵野にあった。住みたい街№1に輝く街、吉祥寺を「東京の田舎」と呼ぶ、奇想天外な井形流素朴な暮らしの楽しみ方。

東京骨灰紀行　小沢信男
両国、谷中、千住……アスファルトの下、累々と埋もれる無数の骨灰をめぐり、忘れられた江戸・東京の記憶を掘り起こす鎮魂行。（黒川創）

私の東京町歩き　川本三郎　武田花・写真
佃島、人形町、門前仲町、堀切、千住、日暮里……。路地から路地へ、ひとりひそかに彷徨って町を味わう散歩エッセイ。

銀座の酒場を歩く　太田和彦
当代きっての居酒屋の達人がゆかりの街・銀座を呑み歩き。老舗のバーから蕎麦屋まで、銀座の酒場の粋と懐の深さに酔いしれた73軒。（村松友視）

宮脇俊三
鉄道紀行セレクション　小池滋編

名編集者であり、鉄道ファンとしても知られる著者の鉄道紀行集。全著作の中から、世代を超えて読み継がれ愛されるユーモアあふれる作品を厳選。

旅に出る
ゴトゴト揺られて本と酒　椎名誠

旅の読書は、漂流モノと無人島モノと一点こだわりガンコ本！　本と旅とそれから派生していく自由な思いのつまったエッセイ集。（竹田聡一郎）

寝ころび読書の旅に出た　椎名誠

いつか探検隊に入るのだ！と心躍らせた小学生時代から現在までに読んだ、冒険譚、旅行記、科学もの、SFまで。著者の原点となる読書エッセイ。

初代　竹内洋岳に聞く　塩野米松

日本人初、八千メートル峰14座完全登頂を達成した竹内洋岳。生い立ちから12座目ローツェの登頂に成功するまでを描き、その魅力ある人間性に迫る。

ぼくは散歩と雑学がすき　植草甚一

1970年、遠かったアメリカ。その風俗、映画、本、音楽から政治までをフレッシュな感性と膨大な知識、貪欲な好奇心で描き出す代表エッセイ集。

いつも夢中になったり
飽きてしまったり　植草甚一

男子の憧れJ・J氏。欧米の小説やジャズ、ロックへの造詣、ニューヨークや東京の街歩き。今なお新鮮さを失わない感性で綴られる入門書的エッセイ集。

こんなコラムばかり
新聞や雑誌に書いていた　植草甚一

ヴィレッジ・ヴォイスから筒井康隆まで夜を徹して読書三昧。大評判だった中間小説研究も収録したJ・J式ブックガイドで「本の読み方」を大公開！

雨降りだから
ミステリーでも勉強しよう　植草甚一

1950～60年代の欧米のミステリー作品の圧倒的で、貴重な情報が詰まった一冊。独特の語り口で書かれた文章は何度読み返しても新しい発見がある。

女子の古本屋　岡崎武志

女性店主の個性的な古書店が増えています。カフェを併設したり雑貨も置くなど、独自の品揃えで注目の各店を紹介。追加取材して文庫化。（近代ナリコ）

昭和三十年代の匂い　岡崎武志

テレビ購入、不二家、空地に土管、トロリーバス、くみとり便所、少年時代の昭和三十年代の記憶をたどる。巻末に岡田斗司夫氏との対談を収録。

貧乏は幸せのはじまり　岡崎武志

著名人の極貧エピソードからユーモア溢れる生活の知恵まで、幸せな人生を送るための「貧乏」のススメ！　巻末に荻原魚雷氏との爆笑貧乏対談を収録。

本と怠け者　荻原魚雷

日々の暮らしと古本を語り、古書に独特の輝きを与えた「ちくま」好評連載「魚雷の眼」を、一冊にまとめた文庫オリジナルエッセイ集。（岡崎武志）

笑ってケツカッチン　阿川佐和子

ケツカッチンとは何ぞや。ふしぎなテレビ局での毎日。時間に追われながらも友あり旅ありおいしいものありのちょっといい人生。（阿川弘之）

蛙の子は蛙の子　阿川弘之　阿川佐和子

当代一の作家と、エッセイにインタヴューに活躍する娘が、仕事・愛・笑い・旅・友達・恥・老いについて本音で語り合う共著。（金田浩一呂）

あんな作家　こんな作家　どんな作家　阿川佐和子

聞き上手の著者が松本清張、吉行淳之介、田辺聖子、藤沢周平ら57人に取材した。その鮮やかな手口に思わず作家は胸の内を吐露。（清水義範）

男は語る　阿川佐和子

ある時は心臓を高鳴らせ、ある時はうろたえながら、12人の魅力あふれる作家の核心にアガワが迫る。「聞く力」の原点となる、初めてのインタビュー集。

杏のふむふむ　杏

連続テレビ小説「ごちそうさん」で国民的な女優となった杏が、それまでの人生を、人との出会いをテーマに描いたエッセイ集。（村上春樹）

ねにもつタイプ　岸本佐知子

何となく気になることにこだわる、ねにもつ。思索、奇想、妄想はばたく脳内ワールドをリズミカルな名短文でつづる。第23回講談社エッセイ賞受賞。

なんらかの事情　岸本佐知子

エッセイ？　妄想？　それとも短編小説？……そんなことはどうでもいい！　翻訳家、岸本佐知子の頭の中を覗くような可笑しなお話の世界へようこそ！

もの食う本　木村衣有子　武藤良子・絵

四十冊の「もの食う」本たち。文学からノンフィクション、生活書、漫画まで、白眉たる文章を抜き出し咀嚼し味わう一冊。

わたしは驢馬に乗って下着をうりにゆきたい　鴨居羊子

新聞記者から下着デザイナーへ。斬新で夢のある下着を世に送り出し、下着ブームを巻き起こした女性起業家の悲喜こもごも。（近代ナリコ）

この話、続けてもいいですか。　西加奈子

ミッキーこと西加奈子の目を通すと世界はワクワク、ドキドキ輝く。いろんな人、出来事、体験がてんこ盛りの豪華エッセイ集！（中島たい子）

水辺にて　梨木香歩

川のにおい、風のそよぎ、木々や生き物の息づかい。カヤックで水辺に漕ぎ出すと見えてくる世界を、物語の予感いっぱいに語るエッセイ。（酒井秀夫）

たましいの場所　早川義夫

「恋をしていいのだ。今を歌っていくのだ」。心を揺るがす本質的な言葉。文庫用に最終章を追加。帯文＝宮藤官九郎　オマージュエッセイ＝七尾旅人

ぼくは本屋のおやじさん　早川義夫

22年間の書店としての苦労と、お客さんとの交流。どこにもありそうで、ない書店。30年来のロングセラー！（大槻ケンヂ）

生きがいは愛しあうことだけ　早川義夫

親友ともいえる音楽仲間との出会いと死別。恋愛。音楽活動。いま、生きることを考え続ける著者のエッセイ。帯文＝斉藤和義（佐久間正英）

心が見えてくるまで　早川義夫

「〝語ってはいけないこと〟をテーマに書きたい」という著者渾身の書き下ろし。「この世で一番いやらしいこと」や音楽関係のこと。帯文＝吉本ばなな

私の猫たち許してほしい　佐野洋子

少女時代を過ごした北京。リトグラフを学んだベルリン。猫との奇妙なふれあい。著者のおいたちと日常をオムニバス風につづる。（高橋直子）

アカシア・からたち・麦畑　佐野洋子

ふり返ってみたいような、ふり返りたくないような小さかった時。甘美でつらかったあの頃が時のむこうで色鮮やかな細密画のように光っている。

私はそうは思わない　佐野洋子

佐野洋子は過激だ。ふつうの人が思うようには思わない。大胆で意表をついたまっすぐな発言をする。だから読後が気持ちいい。（群ようこ）

神も仏もありませぬ　佐野洋子

還暦……もう人生おりたかった。でも春のきざしの蕗の薹に感動する自分がいる。意味なく生きても人は幸せなのだ。第3回小林秀雄賞受賞。（長嶋康郎）

食べちゃいたい　佐野洋子

じゃがいもはセクシー、ブロッコリーは色っぽい、玉ねぎはコケティッシュ……。なめて、かじって、のみこんで。野菜主演のエロチック・コント集。

問題があります　佐野洋子

中国で迎えた終戦の記憶から極貧の美大生時代、読まずにいられない本の話など。単行本未収録作品を追加した、愛と笑いのエッセイ集。（長嶋有）

寄り添って老後　沢村貞子

長年連れ添った夫婦が老いと向き合い毎日を心豊かに暮らすには――。浅草生まれの女優・沢村貞子さんの晩年のエッセイ集。（森まゆみ）

わたしの脇役人生　沢村貞子

脇役女優として生きてきた著者が、歯に衣着せぬ、それでいて人情味あふれる感性で綴ったエッセイ集。一つの魅力的な老後の生き方。（寺田農）

老いの楽しみ　沢村貞子

八十歳を過ぎ、女優引退を決めた著者が、日々の思いを綴る。齢にさからわず、「なみ」に、気楽に、と過ごす時間に楽しみを見出す。（山崎洋子）

色を奏でる　志村ふくみ・文　井上隆雄・写真

色と糸と織――それぞれに思いを深めて織り続ける染織家にして人間国宝の著者の、エッセイと鮮かな写真が織りなす豊醇な世界。オールカラー。

語りかける花　志村ふくみ

染織の道を歩む中で、ものに触れ、ものの奥に入って見届けようという意志と、志を同じくする表現者たちへの思いを綴る。（藤田千恵子）

ちよう、はたり　志村ふくみ

「物を創るとは汚すことだ」。自戒を持ちつつ、機へ向かうときの沸き立つような気持ち。日本の色への強い思いなどを綴る。（山口智子）

うつくしく、やさしく、おろかなり　杉浦日向子

生きることを楽しもうとしていた江戸人たち。彼らの紡ぎ出した文化にとことん惚れ込んだ著者がその思いの丈を綴った最後のラブレター。（松田哲夫）

遠い朝の本たち　須賀敦子

一人の少女が成長する過程で出会い、愛しんだ文学作品の数々を、記憶に深く残る人びとの想い出とともに描くエッセイ。（末盛千枝子）

雨の日はソファで散歩　種村季弘

雨が降っている。外に出るのが億劫だ……稀代のエンサイクロペディストが死の予感を抱きつつ綴った文章を自ら編んだ最後のエッセイ集。

ことばの食卓　武田百合子　野中ユリ・画

なにげない日常の光景やキャラメル、枇杷など、食べものに関する昔の記憶と思い出を感性豊かな文章で綴ったエッセイ集。（種村季弘）

性分でんねん　田辺聖子

あわれにもおかしい人生のさまざま、また書物の愉しみのあれこれ。硬軟自在の名手、お聖さんの切口がますます冴えるエッセー。（氷室冴子）

小津ごのみ　中野翠

小津監督は自分の趣味・好みを映画に最大限取り入れた。インテリア、雑貨、俳優の顔かたち、仕草や口調、会話まで。斬新な小津論。（与那原恵）

わたしの三面鏡　沢村貞子

七十歳を越えた「脇役女優」が日々の暮らしと、一喜一憂する心を綴ったエッセイ集。気丈に、しかし心おだやかに生きる明治女の矜持。（近藤晋）

老いの道づれ　沢村貞子

夫が生前書き残した「別れの手紙」には感謝の言葉が綴られていた。著者最晩年のエッセイ集。巻末に黒柳徹子氏との対談を収録。（岡崎栄）

老いの生きかた　鶴見俊輔編

限られた時間の中で、いかに充実した人生を過ごすかを探る十八篇の名文。来るべき日にむけて考えるヒントになるエッセイ集。

春夏秋冬　料理王国　北大路魯山人

一流の書家、画家、陶芸家にして、希代の美食家でもあった魯山人が、生涯にわたり追い求めて会得した料理と食の奥義を語り尽す。（山田和）

自然のレッスン　北山耕平

自分の生活の中に自然を蘇らせる、心と体と食べ物のレッスン。自分の生き方を見つめ直すための詩的な言葉たち。帯文＝服部みれい（曽我部恵一）

地球のレッスン　北山耕平

地球とともに生きるためのハートと魂のレッスン。そして、食べ物について知っておくべきこと。絵＝長崎訓子。推薦＝二階堂和美　（広瀬裕子）

文房具56話　串田孫一

使う者の心をときめかせる文房具。どうすればこの小さな道具が創造力の源泉になりうるのか。文房具の想い出や新たな発見、工夫や悦びを語る。

ポケットに外国語を　黒田龍之助

言葉への異常な愛情で、外国語本来の面白さを伝えるエッセイ集。ついでに外国語学習が、もっと楽しくなるヒントもつまっている。　（堀江敏幸）

買えない味　平松洋子

一晩寝かしたお芋の煮っころがし、土瓶で淹れた番茶、風にあてた干し豚の滋味……日常の中にこそある、おいしさを綴ったエッセイ集。　（中島京子）

買えない味2 はっとする味　平松洋子

刻みパセリをたっぷり入れたオムレツの味わいの豊かさ、ペンチで砕いた胡椒の華麗な破壊力……身近なものたちの隠された味を発見！　（室井滋）

ねぼけ人生〈新装版〉　水木しげる

戦争で片腕を喪失、紙芝居・貸本漫画の時代と、波瀾万丈の人生を、楽天的に生きぬいてきた水木しげるの、面白くも哀しい半生記。　（呉智英）

人生をいじくり回してはいけない　水木しげる

水木サンが見たこの世の地獄と天国。人生、自然の流れに身を委ね、のんびり暮らそうというエッセイ。推薦文＝外山滋比古、中川翔子。　（大泉実成）

旅の理不尽　宮田珠己

旅好きタマキングが、サラリーマン時代に休暇を使い果たして旅したアジア各地の脱力系体験記。鮮烈なデビュー作、待望の復刊！　（蔵前仁一）

四次元温泉日記　宮田珠己

迷路のような日本の温泉旅館は、アトラクション感あふれる異次元ワンダーランドだった！　名湯を巡る珍妙湯けむり紀行14篇。　（新保信長）

旅するように読んだ本　宮田珠己

読書とは頭の中で旅をすることでもある。旅好きで本好きなタマキングが選んだ、笑える人文書たち。あなたも本で旅をしませんか。　（椎名誠）

パンツの面目ふんどしの沽券　米原万里
キリストの下着はパンツか腰巻か？　幼い日にめばえた疑問を手がかりに、人類史上の謎に挑んだ、抱腹絶倒&禁断のエッセイ。（井上章一）

言葉を育てる米原万里対談集　米原万里
この毒舌が、もう聞けない……類い稀なる言葉の遣い手、米原万里さんの最初で最後の対談集。VS.林真理子、児玉清、田丸公美子、糸井重里ほか。

湯ぶねに落ちた猫　吉行理恵　小島千加子編
「猫を看取ってやれて良かった」。愛する猫たちを題材にした随筆、小説、詩で編む、猫と詩人の優しい空間。文庫オリジナル。（浅生ハルミン）

京都、オトナの修学旅行　赤瀬川原平　山下裕二
子ども時代の修学旅行では京都の面白さは分からない！　襖絵も仏像もお寺の造作もオトナだからこそ味わえるのだ。（みうらじゅん）

自分でできるツボ療法入門　鵜沼宏樹
ペットボトルにお湯を入れたものやブラシなど身近な物でできるツボ療法。肩こり等筋肉の悩み、胃痛等内臓の症状、美容や心にも効く。帯文=帯津良一

大和なでしこ整体読本　三枝誠
体が変われば、心も変わる。「野口整体」「養神館合気道」などをベースに多くの身体を観てきた著者が、簡単に行える効果抜群の健康法を解説。

体は何でも知っている　三枝龍生
カリスマ整体師が教える、健康で幸せに生きるための「身心取扱説明書」。性の快感力を高め、創造的な人生を送るための知恵がここにある！

鉄道地図　残念な歴史　所澤秀樹
赤字路線が生き残り、必要な路線が廃線になるのは、なぜ？　路線図には葛藤、苦悩、迷走、謀略が詰まっている。矛盾に満ちたその歴史を暴く。

味覚日乗　辰巳芳子
春夏秋冬、季節ごとの恵み香り立つ料理歳時記。日々のあたりまえの食事を、自らの手で生み出す喜びと呼吸を、名文章で綴る。（藤田千恵子）

きもの草子　田中優子
インド更紗、沖縄の紅型などから、アジアから日本への文化の流れをも語る。着物、布地のカラー写真、着こなしについてのコラムも収録。（挾本佳代）

らくらくお灸入門　高橋國夫

あったかくて気持ちがいい。セルフお灸の基本から、経絡（体のルート）別ツボまで。女性やお年寄りや子供にも優しい。内臓に美容にストレスに効果的。

辻調が教える おいしさの公式 中国料理　辻調理師専門学校編

チャーハンや餃子などポピュラーな家庭料理をもっとおいしくするコツとともに、おもてなしのための本格的なレパートリーも一挙紹介します！

整体入門　野口晴哉

日本の東洋医学を代表する著者による初心者向け野口整体のポイント。体の偏りを正す基本の「活元運動」から目的別の運動まで。（伊藤桂一）

風邪の効用　野口晴哉

風邪は自然の健康法である。風邪をうまく経過すれば体の偏りを修復できる。風邪を通して人間の心と体を見つめた、著者代表作。（伊藤桂一）

体癖　野口晴哉

整体の基礎的な体の見方、「体癖」とは？　人間の体をその構造や感受性の方向によって、12種類に分ける。それぞれの個性を活かす方法とは？（加藤尚宏）

野口体操 マッサージから始める　羽鳥操

「野口体操」は戦後、野口三千三が創始した身体の技法で、ゆらゆらと体の力を抜く独創的なもの。マッサージを元にした入門書。対談＝坂本龍一

わたしが輝く オージャスの秘密　服部みれい　蓮村誠監修

インドの健康法アーユルヴェーダでオージャスとは生命エネルギーのこと。オージャスを増やして元気で魅力的な自分になろう。モテる！　願いが叶う！

美しいきもの姿のために　村林益子

着やすさ随一。仕立ての第一人者が、誰よりきものを知る立場から教える、着付けと始末の決定版。間違って覚えないでの願いをこめて。

身体能力を高める「和の所作」　安田登

なぜ能楽師は80歳になっても颯爽と舞うことができるのか？　「すり足」「新聞パンチ」等のワークで大腰筋を鍛え集中力をつける。（内田樹）

からだのメソッド　矢田部英正

立つ、歩く、呼吸するといった基本動作を整えれば、からだの内側から綺麗になれる。日本人の身体技法から学ぶ実践的入門書。（平山満紀）

ちくま文庫

居《い》ごこちのよい旅《たび》

二〇一六年四月十日　第一刷発行

著　者　松浦弥太郎（まつうら・やたろう）
写　真　若木信吾（わかぎ・しんご）

発行者　山野浩一
発行所　株式会社　筑摩書房
東京都台東区蔵前二―五―三　〒一一一―八七五五
振替〇〇一六〇―八―四一二三
装幀者　安野光雅
印刷所　凸版印刷株式会社
製本所　凸版印刷株式会社

乱丁・落丁本の場合は、左記宛にご送付下さい。
送料小社負担でお取り替えいたします。
ご注文・お問い合わせも左記へお願いします。
筑摩書房サービスセンター
埼玉県さいたま市北区櫛引町二―六〇四　〒三三一―八五〇七
電話番号　〇四八―六五一―〇〇五三

ISBN978-4-480-43345-9 C0195